Heilige relaties, heilige sexualiteit

Heilige relaties, heilige sexualiteit

Een inwijding in liefde

∞

Ton van der Kroon

Daar waar je grootste wond ligt, ligt je grootste schat.

Heilige relaties, heilige sexualiteit
ISBN: 9789402148992

omslagontwerp: Sandra van Elewout
www.sandravanelewout.kunstinzicht.nl

omslag illustratie: Sebastian Holzhuber
www.sebastianholzhuber.com

Uitgeverij: Tree of Life Publications
www.treeoflife.support

INHOUD

INTRODUCTIE

Na een maand reizen door India eindigde mijn reis in een klein stadje aan de zee, Mahabalipuram, een oude tempelstad. Op het moment dat ik de bus verliet, kwam een Indiase jongen naar me toegelopen. 'You search hostel?' vroeg hij. 'I bring you. To Laksmi lodge. This is your place.'

'No thank you', antwoordde ik, gewend als ik was aan allerlei mensen die naar je toe komen met voorstellen voor hotels, taxi's en wat al niet meer. Maar wat ik ook deed of zei, de jongen gaf niet op. 'It's in your stars', zei hij. 'you have to go there.' Op een gegeven moment draaide ik me direct naar hem om en zei: 'I don't want to be rude, but I want to be alone. Please leave me.'

Toen de jongen uiteindelijk wegging, kon ik vrijelijk het kleine plaatsje verkennen. Ik wandelde naar het strand waar verschillende beeldhouwers in kleine marktstallen godenbeelden uit graniet houwden. Ze zaten op de grond en met een simpele beitel maakten ze de meest prachtige en grote beelden van Shiva, Boeddha, Vishnu en... Laksmi. Ik moest denken aan de jongen. Laksmi is de Godin van overvloed, schoonheid, vruchtbaarheid en liefde. Jaarlijks wordt ze tijdens het grote lichtfeest Diwali vereerd met vele kaarsjes. Ze is de oosterse pendant van de Romeinse God Venus of de Griekse Aphrodite.

Aan het strand lag een tempel die half in zee lag. De legende gaat dat het een van de zeven tempels is die onder de oceaan liggen, tempels uit een lang vervlogen tijd. Toen de tsunami tijdens de kerst van 2004 plaatsvond en de zee zich eerst terugtrok, bleek de legende waar te zijn; voor het eerst kwamen restanten van de andere tempels bloot te liggen. Aan het eind van mijn wandeling besloot ik op zoek te gaan naar een onderkomen voor de nacht. Ik ging op mijn gevoel af en stond opeens voor een klein hotel: Laksmi Lodge. Terwijl ik er naar binnen ging, overviel me een wonderlijke sensatie. Het was alsof ik de plaats kende. Nadat ik een kamer had geboekt en me geïnstalleerd had, las ik in de brochure dat het hostel in vroeger tijden een bordeel was geweest. Terwijl ik mijn diner meenam naar de veranda waarvandaan je over de binnenplaats kon kijken, begon de plek me steeds bekender voor te komen. In mijn geest ontvouwden zich als vanzelf allerlei beelden, alsof ik een film zag. Ik herinnerde me de kleine binnenplaats met de deuren van de kamers eromheen. Het was de verzamelplaats waar de vrouwen stonden te wachten op hun klanten of ze probeerden te verleiden om mee te gaan naar hun kleine tempels...

Laksmi lodge was een goedkoop bordeel, zoals zovelen, en het werd gerund door een oude Franse dame, die uit de Franse enclave Pondicherry kwam. De vrouwen waren haar 'meisjes', en ze leidde het bordeel kordaat en met charme. De chique dame had alles onder controle. Vele vissers en zeelui bezochten het bordeel. Ze kwamen vanuit Bombay of reisden naar Pondicherry. Het was een levendige plek, met vele geheimen, roddels en een gemixte sfeer van erotiek en jaloezie.

Toen ik terug naar mijn kamer liep, zag ik steeds meer beelden uit het verleden en ik 'herinnerde' me iets dat me in hoge mate verbaasde: ik was een van de meisjes geweest, in een ander leven. Opeens werd het me allemaal duidelijk. Ik had een 'vorig leven ervaring' en herinnerde me het leven als een van de courtisanes, of prostituees, zoals westerlingen zeggen. Ik kon de beelden niet meer stoppen en ik voelde mijn lichaam veranderen: ik wist opeens heel helder hoe het was om een vrouwelijk lichaam te hebben, hoe me te kleden, te lopen op een vrouwelijke manier, mannen te verleiden en hoe je ze plezier kon geven in bed. Als man was dit, op zijn zachtst gezegd, een wonderlijke ervaring. Ik kon me levendig voorstellen hoe het is om als vrouw te vrijen met een man. Het was een van de meest bijzondere ervaringen om het verschil te voelen tussen mannelijke en vrouwelijke energie en tussen een mannelijk en een vrouwelijk lichaam. Het was uitermate leerzaam en plezierig om mee te maken...

De volgende morgen stond ik vroeg op en besloot naar de oude tempel van Vishnu, de partner van Laksmi, te gaan. Ik 'kende' de weg omdat ik in mijn vorige leven de tempel iedere dag bezocht. De andere meisjes vonden het vreemd dat ik iedere ochtend naar de tempel ging. Ze lachten me uit en riepen me na. 'Kijk haar, onze heilige hoer. Alsof ze Laksmi zelf is. Denk niet dat je beter bent dan ons, Lila. Je bent gewoon een hoer, net als wij allemaal.' Mijn ware naam was Lalita, maar iedereen noemde me Lila. De moeder, zoals we de Franse dame noemden, zei niets.

Ik wandelde de gebruikelijke route naar de tempel en gaf een muntje aan de tempelwachter en aan de priester. Op die manier lieten ze me met rust. Ik ging de tempel in en knielde neer voor het beeld van de slapende Vishnu. Ik aanbad hem. In mijn gedachten was hij mijn echtgenoot en alles wat in mijn leven gebeurde, besprak ik met hem. Sinds ik een jong meisje was, had ik een grote aantrekkingskracht tot het beroep van courtisane. Het hele idee was mij zo bekend. Voor mij was het niet vies of slecht. Het was een van de meest heilige beroepen en vanuit de diepte van mijn ziel was ik verbonden met de oude tantrische kennis die lang geleden vergeten was.

Ik bad voor het beeld van Vishnu en vroeg om raad en wijsheid. Niet lang geleden was er een Portugese man gekomen die verliefd op mij was geworden. Hij had me verschillende keren bezocht en me een aanzoek gedaan. Hij wilde met me trouwen en me meenemen naar zijn thuisland. Normaal gesproken werd ik niet verliefd op klanten, dit was tegen de regels, maar deze man raakte iets in mijn ziel en het bleef me dagenlang bezighouden. Wat moest ik doen? Hij zou binnen een paar dagen terugkomen, en dan via Bombay naar Europa reizen. Ik zocht helderheid en rust in mijn geest. 'Moet ik hem volgen?' vroeg ik me vertwijfeld af. 'Dat is absurd. Ik had hem keer op keer verteld dat mijn leven toebehoorde aan de Godin, en dat ik niet in de positie was om hem te trouwen. Punt uit. Maar vanbinnen trilde ik en voelde ik mijn ziel roeren. Wat als...? Zou ik van hem houden? Hoe zou zijn thuisland zijn? Ik legde mijn aarzelingen aan de voeten van Vishnu. Opeens hoorde ik de stem van de Godin in mijn hart. 'Ga met hem mee. Het is toegestaan. Niet vanuit het idee of het doel dat jij of hij in gedachten hebben. Je moet met hem trouwen en hem volgen naar Portugal, maar je ware missie is om de kennis van sexualiteit naar het Westen te brengen. Je bent gezegend.' Ik was stomverbaasd. Ik stond op het punt om een groot avontuur in te stappen, het bordeel te verlaten en naar de andere kant van de wereld te reizen om de vrouw van iemand anders te worden. Het hele idee vulde mij met een ontzag en een enorme kracht. Ik had de roep van mijn bestemming ghoord.

Voordat ik terugkeerde naar Laksmi lodge zei ik in stilte vaarwel tegen alle plaatsen die ik zo goed kende: de oude rotstempel achter de tempel van Vishnu, de drukke marktplaats, de jongens in hun riksja's en sommige klanten die ik passeerde. Mijn leven stond op het punt een grote ommezwaai te maken en ik wist niet hoe het ging aflopen. Allerlei vragen kwamen in mij op. Zouden ze tempels hebben in het Westen? Brachten ze eer aan de Godin?

Terwijl ik terugliep van de tempel keerde ik langzaam weer terug tot mijn huidige leven, als een gewone toerist in Mahabalipuram. De volgende dag zou ik vanuit Madras via Mumbay naar Amsterdam vliegen. Terug naar huis, waar ik aan een boek over relaties en sexualiteit werkte. Opeens begreep ik de boodschap om de 'kennis van sexualiteit' naar het Westen te brengen, zoals de Godin had gezegd. Het leek erop dat ik er in dit leven nog steeds mee bezig was, en dat mijn bezoek aan Laksmi lodge een bevestiging was van mijn opdracht.

Ik bestelde een riksja om me naar het vliegveld te brengen en het toeval wilde dat het dezelfde jongen was die me bij de bus had aangesproken. 'You see', zei hij met een brede grijns op zijn gezicht. 'You had to go to Laksmi lodge. It was your destiny.'

'Echt India', dacht ik. 'Je weet nooit of je wordt opgelicht of dat je naar je ware bestemming wordt geleid. Maar misschien doet het er ook niet toe.' Ik betaalde hem voor de rit en ineens zag ik de kosmische samenloop van omstandigheden: Ik kende hem uit het vorige leven. Hij was als jongen verliefd op me en deed er alles aan om bij me te zijn. Ik wimpelde hem altijd af, maar schonk hem als gunst dat hij me weg mocht brengen naar de haven voor mijn Portugese avontuur. Hij was apetrots en blij.

Toen ik eenmaal thuis was gekomen, dacht ik na over mijn vorige leven ervaring in Mahabalipuram. Ik ging achter mijn computer zitten en zag mezelf opeens de woorden typen: 'Heilige relaties, heilige sexualiteit.'

VOORWOORD

Relaties zijn de hogeschool van het leven. Voor iedereen die ooit verlaten, diep verliefd of wanhopig is geweest in de liefde, die zowel verlangen en angst heeft ervaren en zich heeft afgevraagd hoe het toch in Godsnaam werkt in relaties, voor hen is dit boek.

Relaties geven ons zowel diep geluk, als de grootste pijn en levenslessen. Zoals een diamant alleen kan schitteren als-ie geslepen en geschuurd wordt, zo wordt een mens door zijn intieme relaties bewerkt en geslepen tot een schitterende parel. Als je merkt dat het leven je overhoop haalt en je er bewust van bent dat dat een doel heeft en het leven je ergens heen wil leiden, wees dan welkom in deze leerschool. Een van de belangrijkste lessen van relaties is niet zozeer dat ze werken, maar dat ze bedoeld zijn om te groeien en groei gaat niet zonder pijn of verandering. Wees dus gerust; als je er niets van begrijpt, dan ben je op de goede weg. Ik ben zelf ervaringsdeskundige, met de nadruk op ervaring en minder op deskundig. Want ik heb juist ervaren dat in het falen en in het mislukken de grootste lessen verborgen zitten.

Liefde en relaties kunnen ons ook de hoogste geluksmomenten brengen en ons laten proeven van het ultieme genot. Ook dat is deel van de weg en van het leerproces. Wij zijn gewend geraakt aan een cultuur, die vooral gericht is op hard werken en minder op genieten of die juist gericht is op oppervlakkig genot. Liefde leert ons juist dat werkelijk geluk voorbij een eenmalig pleziertje ligt. Het komt voort uit een diepe bron die in onszelf gelegen is en gedeeld kan worden met onze geliefde en uiteindelijk met de hele wereld. Liefde ligt in onszelf, maar door het te delen vermenigvuldigt het. De grote valkuil is dat we de liefde buiten onszelf zoeken. Daar is ze helaas niet te vinden. Ze kan louter gereflecteerd worden, zodat we in contact komen met onze eigen bron, diep verscholen in ons hart. Als je die bron gevonden hebt, wordt liefde een staat van zijn, die steeds naar meer smaakt.

Op de hogeschool van de liefde zijn vrouwen de inwijdsters, de priesteressen die de tempel bewaken en die mannen kunnen leren hoe ze hun driften beteugelen, hun ego kunnen loslaten om uiteindelijk het voorhof van de hemel te betreden. De vrouw is de muze, de belichaming van de Godin en door haar natuur is ze in diepe verbinding met de geheimen van moeder aarde. In onze cultuur wordt ze te weinig geëerd. In een cultuur waarin het mannelijke domineert, of dat nu in religie, wetenschap, politiek of het huwelijksleven is, ontstaat een hardheid, een rationaliteit en starheid waarin het vrouwelijke, het subtiele, het mystieke en het intuïtieve aspect van het leven ontbreekt. Ik zie twee soorten vrouwen; vrouwen die zich bewust zijn van hun rol als inwijdster en vertegenwoordiging van het Goddelijke vrouwelijke. En vrouwen die dat helaas vergeten zijn, doordat ze het niet geleerd hebben of het hebben moeten onderdrukken. Het is een ramp als vrouwen zich deze belangrijke rol niet meer herinneren, omdat zij zorgen voor de vruchtbaarheid van de ziel en voor de diepe zingeving die nodig is in een samenleving. Zij zijn de bron van het leven in figuurlijke en letterlijke zin.

Voor mannen is dit cruciaal om te weten en te erkennen. Niet omdat we minder zijn, of dat vrouwen 'beter' zijn, maar omdat vrouwen een uiterst belangrijke rol hebben in onze ontwikkeling als man. Zij zijn de leermeesters, ook al kunnen we ze soms achter het behang plakken. Juist dan. De vrouw vertegenwoordigt de anima - de ziel - van de man, en door haar te eren eren we onszelf. Dit kan een beangstigend proces zijn, omdat het van ons vraagt om ons hoofd te buigen en ons totaal over te geven aan de liefde. Dat is alles wat ze vraagt. Het vergt van ons dat we sterk genoeg zijn om dat proces van overgave aan te kunnen, zonder dat we watjes worden of ten onder gaan in onze eigen gevoelens. Het proces van de liefde maakt ons tot betere mensen. Het stelt ons in staat onze mannelijke kracht op een positieve manier in te zetten.

Als het boek 'De Terugkeer van de Koning' een eerbetoon is aan de man, dan is dit boek een eerbetoon aan de vrouw. Zij is de mystieke roos, die haar geur verspreidt ongeacht of we haar ontvangen of niet.

Toen ik het boek ‘De Mystieke Roos; relaties en sexualiteit als weg naar God’ schreef, was mijn uitgeefster niet geheel tevreden. Achteraf kan ik zien dat ze gelijk had. Ik was er nog niet klaar voor en had nog belangrijke lessen te leren. In die tijd had ik net een scheiding achter de rug en zat ik nog dik in de rouw. Tegelijkertijd was ik een nieuwe relatie begonnen, die mijn leven volledig op zijn kop zette. Ik moest het woordenboek dat ik in mijn hoofd had over relaties, sexualiteit en vrouwen totaal herzien. Langzamerhand heb ik, door de verschillende relaties die volgden, meer inzicht, vertrouwen en plezier gekregen in het proces dat de liefde mij toont. Ik kan met steeds meer overtuiging zeggen dat relaties en sexualiteit inderdaad een inwijdingsweg zijn. Of, zoals ik het toen noemde in de ondertitel, 'een weg naar God.'

Sexualiteit is daarbij niet los te zien van liefde. Je kunt allerlei technieken en standjes leren of tantracursussen volgen, maar de liefde zelf is de grootste inwijding. Het is de ingang tot de heilige sexualiteit waarover in de oude tantrische geschriften wordt gesproken. Sexualiteit zonder diepe, intieme liefde is net als eten dat niet met liefde is klaargemaakt. Het mist het meest essentiële ingrediënt. De meest eenvoudige maaltijd, die met liefde is klaargemaakt overtreft ieder culinair hoogstandje dat uit een boek is geleerd.

De kunst is dus om je te laten leiden door je hart. Dat is het kompas, dat de richting aangeeft door de woelige baren van relaties en sexualiteit. Vertrouw altijd je diepste gevoelens en

intuïtie, ook al leiden die je naar verre uithoeken en onherbergzame streken waar je nog nooit geweest bent. Anderen kunnen je steunen, of je feedback en inzicht geven, maar ze kunnen je niet vertellen wat de bestemming is van je hart. Die zul je zelf moeten vinden.
Dit boek is een soort wegwijzer. Het helpt je om de valkuilen te herkennen, de patronen van liefde te leren kennen en het helpt je vrijer te worden. Zo kunnen relaties en sexualiteit werkelijk een bron van vervulling worden. Weet echter dat het niet gemakkelijk zal zijn. Naarmate de lessen in liefde vorderen worden de uitdagingen groter. Maar dat is deel van de levensschool. Veel plezier bij het lezen en bovenal: geniet.

Ton van der Kroon
5 mei 2016

LIEFDESGEBED

Ik voel me gedragen door de Goddelijke liefde. Ik weet dat alles wat me overkomt mijn groei dient en dat ik iedere dag meer vertrouwen heb in het pad dat ik bewandel. Ik sluit niets uit, omdat ik weet dat ik gedragen word en geliefd ben. Ik mag steeds meer genieten van sexualiteit, liefde en relaties. Ik mag alle pijn, schaamte, schuld en schande die ik in de loop van mijn leven heb opgelopen loslaten, wetende dat alles mijn groei en bewustwording diende.

Ik mag nu schaamteloos genieten van wat het leven mij biedt. Ook al zie ik nog niet altijd de verborgen zegeningen die op mijn pad komen, ik weet dat de liefdevolle hand van Jezus en Maria Magdalena mij vanaf dit moment leiden naar datgene dat het beste voor me is. Ik geef me in totaal vertrouwen over aan hun leiding en volg mijn hart, zoals een kind zijn vertrouwen geeft aan liefhebbende ouders.

Iedere dag baad ik me meer en meer in dit innerlijke weten. Ook al val ik soms terug in wantrouwen, angst of twijfel, niets kan mijn groeiende liefde, compassie en vreugde meer stuiten. Ik weet dat een vreugdevol leven, een intense en liefdevolle sexualiteit mijn deel zijn. Door er volledig van te genieten toon ik mijn dankbaarheid. Danken, genieten, leven. Dat is wat ik mijzelf en iedereen gun.

WHAT'S IN A NAME?

De benamingen die we geven aan onze geslachtsdelen of aan de liefdesdaad, zijn in onze cultuur weinig verheffend: kut, lul, pik, zuigen, beffen, neuken. Het tekent onze gedachten en instelling over sexualiteit als zondig, vies, dierlijk en laag bij de gronds. Daarmee ontheiligen we niet alleen de sexuele daad, maar ook ons lichaam. Een van grootste wonderen in ons leven wordt niet meer dan een platte, lege en op zijn best lichamelijke bezigheid. Het mist de diepte en de heiligheid die sexualiteit kan hebben, terwijl het de belangrijkste basis is voor een gezonde en liefdevolle relatie. Duizenden jaren lang zijn we vooral door religies geïndoctrineerd dat sex slecht en zondig is. Daarmee hebben we een van de grootste heiligdommen in het leven besmet en ontkracht van haar schoonheid en heiligheid. Het woord heilig komt van het woord heel en is verwant met het woord helen of het Engelse *healing*. In de Engelse taal zijn de woorden *holy* en *whole* etymologisch met elkaar verwant. Het geeft aan dat iets compleet is, heel, in plaats van gefragmenteerd of gebroken. Carl Jung zei ooit: 'Het gaat er niet om dat we perfect worden, het gaat erom dat we heel worden.' Dat betekent dat we alle aspecten van ons zijn, van onze persoonlijkheid en ons karakter er kunnen laten zijn, inclusief de donkere, onbewuste, perverse of sexuele kanten. Door alles in het licht te zetten en te beschijnen met het licht van ons bewustzijn worden we steeds completere mensen. Dat geldt met name voor sexualiteit en relaties. Vaak nemen we genoegen met een té plat of mechanisch beeld van dit rijke en complexe aspect van ons leven. We settelen, gaan voor huisje, boompje, beestje, hebben een of twee keer sex per week, draaien ons om en vallen in slaap. Wie wakker wil worden, zal moeten afdalen in de krochten van de ziel om de schatten op te halen die daar liggen. Hoewel de weg naar beneden zeker niet onderschat mag worden - want niemand komt er zonder kleerscheuren of butsen in zijn hart vanaf - zijn de rijkdommen die er liggen van grote waarde. Iedereen die het spirituele pad bewandelt, zal vroeg of laat met deze aspecten van zichzelf geconfronteerd worden. In patriarchale tradities werden sexualiteit en relaties buiten het domein van het spirituele gehouden, zoals we verder uitgebreid zullen behandelen, maar in deze tijd is het echt nodig dat het spirituele en het sexuele; lichaam en ziel weer verenigd worden en samenkomen in een dans van eenheid.

Om terug te komen op de sexuele terminologie: ook de woorden penis of vagina zijn wat mij betreft niet hanteerbaar. Ze zijn te klinisch en doen me denken aan de sexuele voorlichting die ik kreeg op de middelbare school. Tijdens de eerste les behandelden ze tien soorten geslachts-ziekten, de tweede les ging over voorbehoedmiddelen en in de derde les werd een film vertoond van een geboorte *up close*. Ik zie nog de jongen naast me met een groen gezicht wegduiken in zijn huiswerk wiskunde. Het was niet bepaald een romantische of liefdevolle introductie in het rijk van de sexualiteit. De liefde was ver te zoeken.

In India stuitte ik op de termen *yoni* en *lingam* voor het vrouwelijke en mannelijke geslachtsdeel. Er zijn beeldjes en altaarstenen die de twee geslachten uitbeelden, soms in vereniging met elkaar. De yoni is een amandelvormige schaal, waaruit de zuil van de lingam oprijst. Het is een ultiem en heilig beeld van de verbinding tussen het mannelijke en het vrouwelijke. En wat nog belangrijker is: het wordt geplaatst in een heilige context en daarmee worden spiritualiteit en sexualiteit met elkaar verbonden.
In dit boek stel ik dan ook voor, bij gebrek aan beter, om de termen yoni en lingam te gebruiken. Wat overigens niet onverlet laat dat het heerlijk kan zijn om tijdens het liefdesspel geile taal te gebruiken: 'Neuk me, schat. Spuit me vol.'

etc. Taal is wat dat betreft een rekbaar medium dat we speels en creatief kunnen gebruiken tijdens de liefdesdaad. Het kan allerlei aspecten van het sexuele spel benadrukken, net als fantasieën, porno-grafie of erotische speeltjes. Het is de taal van de geest die ons lekker maakt en doet verlangen naar een bevredigende sexuele ervaring. De taal van het lichaam leidt ons uit-eindelijk naar een dieper niveau van extase en eenwording, en wie daar eenmaal van geproefd heeft, doet het niet meer voor minder. Het is het verschil tussen een vijfsterrenrestaurant en Mc Donalds. Soms is een snelle hap lekker, maar uiteindelijk is een voedende en smakelijke maaltijd vele malen lekkerder en bevredigender. Het is deze weg naar heelheid, heiligheid en spirituele en sexuele eenwording die centraal staat in dit boek. Het goede nieuws is: dit is voor iedereen te bereiken. Een van de grootste mythes is dat we uit de hof van Eden zijn verstoten en tot in eeuwige dagen moeten zwoegen in het zweet des aanschijns. De heiligheid van de liefde en de verbinding tussen man en vrouw is eeuwenlang ontkracht, vervloekt en besmuikt. Maar het is tijd dat we weer terugkeren naar de tuin van liefde. Dat gaat niet zonder slag of stoot, maar wie er eenmaal is geweest, wil er altijd weer naar terug. Wees niet bang dat het niet voor jou bedoeld is, of dat God je heeft verteld dat de tuin gesloten is. Het zijn onze eigen gedachten van schuld en schaamte die ons er vanaf houden. Je bent vrij om de tuin weer te betreden en er is niets wat je er nog van weerhoudt. Voel je vrij om je diepste verlangens te volgen en te weten dat het in complete overeenstemming is met het Goddelijke plan om de liefde in al zijn facetten en rijkdom te smaken. Dit is de belofte die God de mens heeft gegeven: om de hemel op aarde te brengen en Adam en Eva te transformeren tot Christus en Maria Magdalena; het Goddelijke mannelijke en Goddelijke vrouwelijke aspect. Door deze twee samen te brengen in jezelf en in je relaties, vervul je de spirituele belofte van de wederkomst van God op aarde, niet als theoretisch concept, religieus dogma of spirituele fantasie, maar als een levende waarheid.

NB. Het woord sex wordt tegenwoordig gespeld als seks. Ik vind echter de X een essentieel onderdeel van het woord uitmaken. Het vertegenwoordigt de kruislingse verbinding tussen de twee geslachten, tussen man en vrouw. De naar-boven gerichte driehoek vertegenwoordigt het manne-lijke element, de fallus, en de naar beneden gerichte driehoek vertegenwoordigt het vrouwelijke element, de yoni. In het kruis ligt de verbinding. Dat is ook wellicht de reden dat sexfilms met een X, XX of XXX worden aangeduid. In dit boek gebruik ik daarom de alternatieve spelling van sex.

HOE DIT BOEK TE GEBRUIKEN?

Het is handig om tijdens het lezen aantekeningen te maken en je eigen liefdesdagboek bij te houden. In eerste instantie begint iedere liefdesrelatie namelijk in de intimiteit met jezelf.

Daarnaast kan het zeer behulpzaam zijn in een relatie tarotkaarten te gebruiken om meer en dieper inzicht te krijgen in de energieën die op dat moment in je relatie of liefdesleven spelen. De relatietarot van Gerd Ziegler, Spiegel van onze relaties, met het kaartendek van Aleister Crowley kan ik zeer aanraden.

De tantrische oefeningen in het boek vergen een intieme band tussen partners die al enigszins bestendigd is. De oefeningen zijn bedoeld om het sexuele plezier te vergroten en de gezonde en plezierige kant ervan te versterken.
Doe deze oefeningen niet met iemand waarvan je niet weet of je de relatie verder wilt ontwikkelen of verdiepen of als je elkaar korter dan twee jaar kent. De oefeningen zijn krachtig en creëren een sterke energetische band, die pijn creëert als de relatie daarna wordt afgebroken.
Het is goed om alle oefeningen met zachtheid en ontspannen te doen zonder stress of druk. Forceer jezelf nooit en verander je gedrag niet van de ene op de andere dag. Maak er een geleidelijke verandering van naar een erotischer levensstijl. Plotselinge veranderingen ontregelen het systeem en zorgen voor een terugval. Het uitvoeren van de oefeningen is je eigen verantwoordelijkheid.
Uitiendelijk gaat sex natuurlijk niet om het uitvoeren van oefeningen, maar om spontaniteit en het volgen van de natuurlijke stroom. Maak er dus geen nieuwe doctrine van.

Dit boek is in eerste instantie geschreven voor heterosexuele stellen en verwijst vaak naar mannelijke en vrouwelijke energie. Het vergt enige aanpassing voor homosexuele stellen om de teksten en boodschappen in het boek af te stemmen op hun eigen relatie. Ik hoop dat je daar zelf alle vrijheid in neemt en je niet beperkt voelt door de heterosexuele terminologie die ik gebruik.

Voor mannen is het zeer aan te raden eerst het boek 'De Terugkeer van de Koning, het boek voor mannen over liefde, lust en leiderschap' te lezen, alvorens dit boek ter hand te nemen. Je zou 'Heilige relaties, heilige sexualiteit' als het vervolg kunnen zien.

LIEFDESOPDRACHT

- Koop een liefdesdagboek om je aantekeningen, oefeningen, gedachten en gevoelens in op te schrijven. Daarmee schrijf je als het ware je eigen liefdesverhaal.
- Koop de tarot van Aleister Crowley en het bijbehorende boek van Gerd Ziegler, Spiegel van onze relaties.

HOOFDSTUK 1.
DE TUIN DER GELIEFDEN

In veel esoterische en spirituele tradities bestaat het beeld van de Tuin der Geliefden; een Hof van Eden, waarin de geliefden elkaar ontmoeten en vrij zijn van schaamte of gêne. Het is een oase van natuurlijke schoonheid, weelderige planten en bloemen, fonteinen en prieeltjes en lommerrijke schaduwen waar het goed toeven is. Het is een zachte plek waar de liefde tot ontluiken komt en waar het hart zich kan openen. De liefde is een uiting van verbondenheid met de natuur, met de sensuele naaktheid van twee lichamen, van de erotische energie die overal aan ten grondslag ligt. Sexualiteit is een natuurlijk uitvloeisel van de schepping, een integraal onderdeel ervan, en in het bedrijven van de liefde openbaart zich het Goddelijke. De geliefden zijn naakt, hetzij in lichaam, hetzij in hun ziel en schamen zich niet om hun naaktheid aan elkaar te laten zien. Het is het paradijs, waar we allen naar terug verlangen, omdat ergens in onze genen de herinnering is opgeslagen aan deze paradijselijke en vrije staat van zijn. Als we verliefd zijn proeven we opnieuw van deze toestand van zaligheid en opperste verrukking. We hebben nog niet gegeten van de boom van goed en kwaad. Als dat wel gebeurt dan neemt onze geest het over en gaan we oordelen: over onszelf of over onze geliefde. De verliefdheid brengt ons in een andere staat van bewustzijn waardoor we alleen liefde zien. In onze cultuur wordt dat vaak afgedaan als een roze bril, alsof je beperkt zicht hebt op de realiteit. Ik denk zelf dat het een inwijding is om werkelijk met de ogen van je hart te kijken. Die staat kunnen we echter niet eeuwig volhouden en het onvermijdelijke gebeurt: we eten van de verboden vrucht en worden uit de tuin verdreven. De 'honeymoon' is over, de tuin is gesloten en het hart sluit zich. Dan begint de lange en soms pijnlijke of eenzame zoektocht naar het verloren paradijs. We zoeken het in werk, in sex, in drugs. Of in andere geliefden, omdat we hartstochtelijk terugverlangen naar die eerste ervaring van onschuld en allesomvattende liefde. We kunnen niet zonder.

Plato beschreef hoe ieder van ons op zoek is naar zijn tweelingziel, diegene waar we ooit een geheel mee vormden, maar waar we van gescheiden zijn, waardoor man en vrouw ontstonden. Sommige wezens bestonden uit man-man delen of vrouw-vrouw delen, waardoor partners van de gelijke sexe zich tot elkaar aangetrokken voelen en homosexualiteit ontstond.

In ieder van ons is het verlangen naar versmelting met zijn tegendeel aanwezig en soms kan het ons tot waanzin drijven. We voelen de intense behoefte aan vereniging, zowel fysiek, emotioneel als spiritueel, maar weten niet hoe we haar kunnen vinden. We dromen erover als we naar porno kijken of doktersromannetjes lezen. De ware liefde. Soms vangen we een glimp van haar op en raken haar weer kwijt. Maar onze collectieve mythe bestaat eruit dat we niet meer in de tuin van de liefde leven en dat het leven hard en moeilijk is. God heeft een engel met een brandend zwaard aan de ingang van de Hof van Eden gezet en ieder die er bij in de buurt komt, wordt genadeloos gestraft.

Maar klopt het verhaal dat we uit de Hof van Eden verstoten zijn wel, of is het tijd voor een nieuwe mythe? Is het zo dat we eeuwig moeten ronddolen zonder uitzicht op verlossing en vereniging met onze ware geliefde, of is er een weg die ons terugbrengt naar de Tuin? En zo ja, hoe ziet die weg eruit? Is deze voor iedereen toegankelijk of slechts voor een paar ingewijden? Moet je er veel voor doen of afzien of gaat het er juist om dat je je ontspant en alles maar over je heen laat komen? Betekent het eeuwig trouw zweren aan één partner of is het een proces van meerdere lovers? Wie heeft de routebeschrijving naar de Tuin der Geliefden?

De ommuurde tuin met vruchtbomen, rozenstruiken en fonteinen komen we in verschillende oude culturen tegen. Zo laat in Egypte de farao Echnaton voor zijn gemalin Nefertiti een prachtig zomerpaleis aanleggen in Amarna. In het midden van het paleis is een grote tuin waar het prettig toeven is. In plaats van voor strijd, oorlogen en religieuze rituelen die hun voorgangers propageren, kiezen Echnaton en Nefertiti voor een leven van harmonie, liefde en intimiteit, geleid door Aton, de zonneGod. Het faraonische koppel wordt afgebeeld in marmer met hun kinderen alsof het een lieflijk familiekiekje is, onder de stralen van de ZonneGod.
Toen ik ooit in Egypte was, kwam ik een beeld tegen dat veel leek op Adam en Eva in het paradijs. Een man en een vrouw stonden voor een vruchtboom, waaruit een slang oprees. De slang had een vrouwenlichaam en stelde de Godin Isis voor. Maar in plaats van straf en verdoemenis uit te spreken over de geliefden, leek ze hen te zegenen. De man en vrouw boden hun offergaven aan de grote MoederGodin, en in ruil daarvoor mochten ze vrijelijk genieten van het paradijs. In latere christelijke tradities is de slang in tegenstelling tot de Godin geassocieerd met de duivel, de verleider, de verlokker. En het is Eva, die zich laat verleiden door het kwaad, waardoor het vrouwelijke in de christelijke traditie vanaf de schepping verdoemd is. Voortaan zal ze haar kinderen baren in uiterste pijn als straf.
Het rijk van Echnaton en Nefertiti hield geen stand. Het volk was er nog niet klaar voor en militaire en religieuze machten namen de touwtjes weer in handen. Ook de liefde tussen Echnaton en Nefertiti ging ten onder. (zie 'Het Labyrint van de Tijd', een boek waarin ik de liefdesgeschiedenis tussen hen uitgebreider beschrijf.)

Later komen we het beeld van de ommuurde tuin tegen in de Perzische cultuur, het huidige Iran. Daar werd het kweken

van rozen tot hoge kunst verheven. De tuin is het symbool van de Goddelijke liefde, van veiligheid, schoonheid en intimiteit, waarin de mens zich kan overgeven aan de liefde voor de schepping.
In de islamitische soefi-traditie is de tuin vaak de symbolische ontmoetingsplaats voor de geliefden, die in de beschutting en de zoete zachtheid van de natuur hun liefde voor elkaar kenbaar maken. De roos is het ultieme symbool van de liefde, zowel de hartstochtelijke liefde als de erotische liefde. Niet voor niets wordt het vrouwelijk geslachtsdeel soms afgebeeld als roos.
In de middeleeuwse 'Roman de la Rose' uit de 13e eeuw is de minnaar op zoek naar de roos. De roos staat symbool voor de meest pure liefde, maar op een aantal plaatsen in het verhaal ook voor de yoni van zijn geliefde. Het overweldigende verlangen van de minnaar bestaat uit het kussen van de 'rozenknop' van zijn dame en het bedrijven van de liefde met haar:

Tot (meer uitleg zal ik niet geven)
ik 't knopje grondig had gewreven
en het bestortte met wat zaadjes,
maar pas nadat ik alle blaadjes
gespreid had en diep onderzocht,
want 'k wilde, nu ik dat dan mocht,
tot in het hart van het knopje raken,
zo hoort dat immers in die zaken.
Ik mengde 't zaad zo van ons beiden
dat 't nauwelijks nog was te scheiden
en zo liet ik het knopje zwellen,
meer zal ik er niet van vertellen.

Mystici uit vele spirituele tradities begrepen in tegenstelling tot de dogma's van de kerk, dat de liefde tussen twee mensen kon dienen als een weg naar het hogere, naar God, de innerlijke geliefde. Schrijvers als Hafez en Rumi beschrijven in hun gedichten uitgebreid de passie en hartstocht van geliefden, die hun leidt naar een ervaring van extase en vereniging met het grotere geheel. De ontmoeting met God of Godin is er een van devotie, toewijding en passie.

Vaak echter ging de kennis over de liefde verloren, werd de vrouw tot tweederangsburger gedegradeerd en werd ze gesluierd of verbannen tot de drie K's: keuken, kinderen en kerk. Als het vrouwelijke verloren gaat, is de wereld in gevaar. Het mannelijke is zonder zijn vrouwelijke pendant een kracht die hard, oorlogszuchtig en meedogenloos kan worden. De liefde voor God, Yahweh of Allah raakt vervormd tot een bloedige strijd tegen het Goddeloze in de wereld. Als de vrouwelijke wijsheid van zachtheid, empathie, compassie en intuïtie ontbreekt, eindigt de christelijke naastenliefde in kindermisbruik, de islamitische overgave aan God in Jihad en de joodse wijsheid verwordt tot hooghartigheid en onkwetsbaarheid. We zien er dagelijks de voorbeelden van in onze wereld. Het woord islam betekent overgave, maar als we naar de tv kijken lijkt het eerder synoniem voor strijd.
In de rooms-katholieke christelijke traditie wordt sexualiteit gezien als een verboden genot en als iets dat uitsluitend bestemd is voor de voortplanting. Lust en verlangens worden geassocieerd met de duivel en de hel. Goddelijke liefde en mystiek zijn losgekoppeld van de aardse liefde tussen man en vrouw. Het naakte lichaam wordt verketterd en daarmee de erotiek en het lichamelijk verlangen.

In het paradijs staat niet alleen de boom van goed en kwaad, maar ook nog een tweede boom: de boom van het leven. Deze boom staat in het midden van het paradijs en wie er van eet, wordt net als de Goden onsterfelijk. Om te voorkomen dat Adam en Eva ook van de levensboom aten en daardoor net als de Goden onsterfelijk zouden worden, werden ze

verstoten uit het paradijs. Dit is het verhaal zoals het ons verteld is. Maar wat als de twee bomen een heel ander verhal vertellen?
Vaak associëren we het eten van de boom van goed en kwaad met een soort sexuele verleiding van Eva. De slang biedt haar de vrucht aan en vervolgens haalt ze Adam over om ook van de boom van goed en kwaad te eten. Eigenlijk zou je kunnen zeggen dat de boom van goed en kwaad symbool staat voor de hersenen: het is de plek van onderscheid, van bewustwording, van inzicht en kennis. Door dit bewustzijn van het Zelf ervaren we tegelijkertijd de afgescheidenheid van God, en worden we ons bewust van onze naaktheid. Schaamte en schuld doen hun intrede. We leven in een wereld waarin we van de boom van goed en kwaad hebben gegeten. We hebben steeds meer kennis, zowel wetenschappelijke als psychologische, en onze hersenen hebben zich in de afgelopen duizenden jaren sterk ontwikkeld.

De boom van het leven is ons nog onbekend. Je zou kunnen zeggen dat deze levensboom symbool staat voor de energie van ons bekken, waar de levenskracht ligt opgeslagen. Het is in deze tijd dat we langzaam weer toegang gaan krijgen tot deze fundamentele levenskracht, die veel meer met sexualiteit te maken heeft dan de boom van goed en kwaad, die ons meer gericht heeft op oordelen en gedachten van goed en kwaad.
Deze levensboom leidt ons naar een directe ervaring van het Goddelijke in ons eigen lichaam, en daarmee worden we in zekere zin gelijk de Goden. Door de sexuele levenskracht bewust te ervaren zijn we in staat te scheppen. Als we de mannelijke en vrouwelijke energieën kunnen vermengen zijn we in staat nieuwe universa te creëren en dragen we bij aan de harmonie in de wereld. Ons diepste genot leidt tot de grootste heling. In plaats van te werken in het zweet des aanschijns, zoals we gedwongen werden toen we het paradijs

verlieten, gaan we weer ervaren hoe het is om door middel van onze gedachten, emoties en sexuele energieën een andere nieuwe wereld te scheppen. Een, die niet vanuit moeite en strijd tot stand komt, maar juist door diepe overgave en liefde aan het Goddelijke. Mens en God ontmoeten elkaar weer, niet door middel van religieuze theorieën of spirituele wetten in boeken, maar door de lichamelijke ervaring van het bedrijven van de liefde, die ons leidt naar een staat van eenwording en gelukzaligheid.

We kunnen ons voorbereiden op deze nieuwe staat van zijn, door alle aspecten van ons ego, waarin we zelf de leiding willen nemen en controle willen hebben over ons leven, uit te bannen en ons over te geven aan de zachte stem van Christus of de Godin. Deze leidt ons naar een grotere ervaring van liefde dan we ooit voor mogelijk hielden. Door ons iedere dag en ieder moment af te stemmen en te vragen wat we te doen hebben, hoe we bij kunnen dragen aan het grotere veld van liefde en harmonie, worden we een instrument in Gods handen en nemen we deel aan het grotere plan. Deze hogere macht kneedt ons naar zijn/haar evenbeeld en het is aan ons om dit proces van schaven en schuren te laten plaatsvinden, net als een diamant die bewerkt wordt om totaal te kunnen schitteren. Als je leven of je relatie zich in heftig vaarwater bevindt, dan betekent dit dat God met je aan het werk is. Je wordt net zo lang beproefd en gekneed tot je als was in zijn/haar handen bent. Het cruciale element in dergelijke processen is volkomen vertrouwen, ook al ziet het er aan de buitenkant nog zo chaotische en rommelig uit. Weet dat je geleid wordt, om terug te keren in de tuin en te eten van de Boom van Leven. Dit is je uiteindelijke vervulling; te worden als Christus of Maria Magdalena, het Goddelijke mannelijke of Goddelijke vrouwelijke, precies in wie je bent. Je hoeft daarvoor niet je best te doen, je anders voor te doen dan wie je bent, maar puur te vertrouwen op de Goddelijke leiding,

die je via de snelst mogelijke weg naar huis leidt. Dit is het uiteindelijke thuiskomen waar we allemaal naar verlangen. Het is geen plek, of materiële omgeving. Het is het thuiskomen bij God, en het genieten in de tuin der liefde, waar Hij/Zij ons leidt in de wetenschap dat alles goed is.
Zodra we daar zijn, zullen we weten dat we de tuin eigenlijk nooit verlaten hebben, dat het slechts een illusie van de geest was die ons deed geloven in goed en kwaad, in de wereld van dualiteit. Maar in essentie waren we altijd al thuis, waren we altijd al degene die we moesten zijn, en was de hele reis, de zondeval en de verbanning uit het paradijs, bedoeld om dat opnieuw te gaan ervaren.

Eén van de verhalen die de terugkeer naar de Tuin der Liefde prachtig verbeeldt is de film 'The Secret Garden.' Een weesmeisje die bij haar oom in een groot engels landhuis komt wonen ontdekt een geheime tuin. Sinds de geliefde vrouw van de oom is omgekomen is hij al zijn levensplezier en passie verloren. Hij mijdt het grote kasteel, zijn nichtje en zelfs zijn eigen zoon, die ziek en verlamd op bed ligt. Het doet hem te veel denken aan de verloren liefde voor zijn vrouw, en hij zoekt zijn vergetelheid in drank en hoeren. Het meisje vindt echter de sleutel tot de tuin, die van de overleden vrouw was. Samen met de kreupele zoon en een vriend brengen ze de tuin weer tot leven. Als de lente aanbreekt, bloeit de tuin en leert de zoon weer lopen, ondanks de zorgen en het gemopper van de strenge gouvernante. Door middel van een ritueel roepen ze de oom terug naar het kasteel. Als hij zijn zoon ziet lopen in de verborgen tuin, breekt zijn hart open. De wonden uit het verleden kunnen worden losgelaten. De schoonheid en liefde van de geheime tuin heeft hen allen geheeld. De liefde stroomt weer en de verbinding tussen de natuur, het hart en de mens heeft weer een natuurlijke ordening gekregen.

Al deze verhalen geven een aanwijzing naar de toegang en terugkeer tot de tuin, maar daarmee zijn we er nog niet. Eerst zullen we de wegen moeten onderzoeken die ons er vandaan hebben geleid, die ons in eerste instantie uit de tuin verdreven hebben. Oftewel, we zullen de heilige oorlog met ons ego moeten aanvangen om ons werkelijk te kunnen overgeven aan de liefde. Die weg is zowel een strijd als een dans en een spel. Met alleen gemakzucht komen we er niet, noch met een overdreven vorm van fanatisme en spirituele hoogmoed. Het vergt een diep inzicht in wie we zijn en wat onze weg is die we te gaan hebben. Daarbij is één aspect cruciaal: dat we ons laten leiden door de innerlijke geliefde, God of Godin, Jezus of Maria Magdalena, als metgezel op onze reis. Het Goddelijke wijst ons de weg en neemt ons aan de hand mee naar grotere en weidsere vormen van liefde. Liefde die dienend is aan het grotere geheel, aan de aarde en aan de mensheid. Want onze liefde staat niet op zichzelf. De liefde tussen partners is een poort waardoor een grotere liefde zich openbaart op aarde. Niet alleen de energie van een nieuw kind kan zich via twee geliefden manifesteren op aarde, maar ook de kosmische liefde die heelheid, heiligheid en schoonheid brengt. Daarmee worden we niet alleen zoekers naar de tuin, maar ook de beschermers en hoeders ervan.

Boodschap van 22 juli 2014, feestdag van Maria Magdalena

Een heilige relatie betekent dat je een sacrale ruimte creëert: een energetisch vat van liefde, waarin de mannelijke en de vrouwelijke energieën zich kunnen vermengen. Alle handelingen, emoties en gedachten bij beide partners dragen bij om deze ruimte intact te houden. Deze hogere frequentie van liefde creëert een poort naar een hogere dimensie, waarin alle aspecten van mens-zijn getransformeerd en geheeld kunnen worden. Dit vraagt een groot commitment van beide partners, omdat het van hen vraagt om alle aspecten van zichzelf die nog in het duister gehuld zijn aan het licht te brengen. De beloning is eveneens groots en vruchtbaar. De relatie wordt een poort waardoor grote helende krachten naar de aarde kunnen komen om de mensheid te dienen.

Het heilige mannelijke en het heilige vrouwelijke zijn een manifestatie van de Christus- en de Maria Magdalena-energie, die in hun tijd deze heilige relatie manifesteerden. Ze bundelden hun gezamenlijke wijsheid en zalfden elkaar tot hun konings- en koninginnenschap. Hij hielp haar om zeven 'zonden' of donkere energieën te transformeren naar het licht. Zij hielp hem om in het volle licht te gaan staan door zijn denken, dat gebaseerd was op het ego, te transformeren naar de universele Christus-energie.

Het is aan jullie om hetzelfde te doen. Accepteer je grootsheid. Vraag en ontvang hulp van Christus en Maria Magdalena. Zij zijn hier om je te helpen om je energetische frequentie te verhogen, om verborgen of slapende aspecten van jezelf te transformeren en om jullie sexualiteit te veranderen in een heilige handeling van toewijding aan het Goddelijke.

Adam en Eva, de eerste man en vrouw, zijn getransformeerd tot de Christus- en Maria Magdalena-energie door de kracht van het hart. Hetzelfde vindt in jou plaats. Je eigen mannelijke of vrouwelijke energie kan zich verheffen tot een nieuw niveau van bewustzijn door de verbinding te eren met de Goddelijke en transformerende energie van liefde. Hoe doe je dat?
Simpelweg: vraag en je zult antwoord krijgen. Geef je over aan het Goddelijke en alles wordt op je pad geplaatst. Wees niet bang voor wonderen. Zelfs niet als ze er in eerste instantie uitzien als chaos of onverwachte gebeurtenissen.... :-)

Het is in de ontmoeting van twee zielen dat een nieuw universum ontstaat. Liefde is de creatieve kracht die de planeten en de sterren, de zon en de maan in beweging brengt. In het spel van deze eeuwige aantrekking word je God en Godin, die nieuw leven scheppen en genieten van de dans der tegendelen. Geef je over, stop je gedachten en laat het leven in al zijn schoonheid zich aan je ontvouwen. Er is geen tijd voor zorgen. Geniet van dit moment en je zult de verrukking ervaren van de geliefde, zowel binnen als buiten je. Niets anders is nog van belang als je de tuin der liefde wilt betreden.

LIEFDESGEBED

Het is veilig om de controle los te laten. Ik ben bereid me te laten leiden. Het is veilig om dingen niet in de hand te hebben. Ik vertrouw de natuurlijke impulsen van mijn lichaam en mijn hart. Ik volg de stroom van het leven waar het me ook heen leidt. Ik ben bereid het verleden los te laten. Ik zegen het met liefde en vertrouw onvoorwaardelijk op de kracht om opnieuw te beginnen. Ik ben bereid me over te geven aan de liefde en aan de Godin. Niet mijn wil maar uw wil geschiede, want uw wil is de mijne. Ik geef me over aan Liefde.

Ik geloof in de kracht van liefde, compassie en wijsheid. Ik geloof dat de zachte krachten van het hart uiteindelijk de bevrijding geven die ik zoek en die in de wereld nodig zijn.

Ik geloof in de kracht en integriteit van mijzelf. Ik laat wat anderen over mij denken of vinden los en ga mijn eigen weg. Ik waardeer mijzelf en weet dat ik gedragen word.

Ik weet dat de ander een deel van mijzelf weerspiegelt. Ik hoef hem of haar niet langer te veroordelen, maar kan hem met mildheid en compassie benaderen.
Ik vergeef mijn partner onvoorwaardelijk en dank hem of haar voor de waardevolle les die zij / hij me gaf. Ik laat alle oordelen die ik over de situatie heb los en accepteer de waarheid zoals die zich voordoet. Ik ben dankbaar voor alles wat me overkomt.

Ik respecteer mijzelf en mijn grenzen. Ik mag mijn grenzen met waardigheid en duidelijkheid aan de ander overbrengen, zonder dat ik daarmee zijn waarheid aantast.

Ik ben bereid de energie en de emoties van anderen los te laten. Ik ben bereid de emoties van mijn ouders / partner / kinderen los te laten. Ik geef ze terug aan diegene bij wie ze horen. Ik hoef geen oplossing voor ze te vinden, maar vertrouw erop dat ze zelf hun pijn of problemen kunnen dragen.

Ik hoef niet meer bang te zijn voor mijn moeder.
Ik hoef niet meer bang te zijn voor mijn vader.
Ik hoef niet meer bang te zijn voor de liefde van mijn moeder.
Ik hoef niet meer bang te zijn voor de liefde van mijn vader.

Ik vergeef mijn vader onvoorwaardelijk, en dank hem voor de waardevolle les die hij me gaf. Ik laat alle oordelen die ik over hem heb los en accepteer hem zoals hij is. Ik ben dankbaar voor alles wat hij me gegeven heeft.

Ik vergeef mijn moeder onvoorwaardelijk, en dank haar voor de waardevolle les die zij me gaf. Ik laat alle oordelen die ik over haar heb los en accepteer haar zoals zij is. Ik ben dankbaar voor alles wat zij me gegeven heeft.

HOOFDSTUK 2.
DE TERUGKEER VAN DE GROTE MOEDER

Er was eens een man die zijn leven aardig voor elkaar had. Hij was getrouwd, had een baan, een auto, een huis en twee kinderen. Hij was over alles redelijk tevreden, niet laaiend enthousiast, maar ook niet diep ongelukkig. Hij leefde zoals het hoorde en had zich daar bij neergelegd. Op een goeie nacht werd hij wakker uit een intense droom. In zijn droom was een mooie, jonge vrouw verschenen die hem vroeg hoe het gezicht van de waarheid eruitziet. Hij kon er echter geen antwoord op geven. Toen hij wakker werd, dacht hij nog uren en dagen lang na over de droom. Hij wist niet hoe de waarheid eruitzag. Op een gegeven moment, ten einde raad, nam hij een besluit. Hij ging naar zijn vrouw en kinderen en vertelde dat hij een poos op reis zou gaan. Hij moest en zou het gezicht van de waarheid vinden. Zijn vrouw steunde zijn initiatief, omdat ze wist dat het tijd was dat de man zijn waarheid ging vinden.

De man reisde door dorpen en steden, over land en over zee, maar waar hij ook kwam; hij kon de waarheid niet vinden. Uiteindelijk, moe gezocht en uitgereisd, kwam hij in een doodlopende vallei. Aan het einde van de vallei was een grot en naast de grot zat een vrouw op een steen. Toen hij dichterbij kwam, zag hij dat de vrouw afzichtelijk lelijk was. Ze had grote puisten op haar gezicht, haar haar hing in vette plukken om haar hoofd, er zaten haren op haar kin en een van haar slappe, gerimpelde borsten hing uit haar gescheurde jurk. De vrouw keek hem aan en zei: 'Ik ben de waarheid.'

De man wist intuïtief dat ze gelijk had en hij ging de grot binnen. Hij bleef een vol jaar bij de vrouw en leerde alles over de waarheid. Toen het jaar om was, voelde hij dat hij terug moest keren naar zijn vrouw en kinderen. Hij wilde de oude vrouw, die zoveel voor hem had betekend, bedanken en vroeg haar wat hij voor haar kon doen. 'Niet veel', zei de vrouw. 'Maar als ze je ooit vragen hoe ik eruitzie, zeg dan dat ik jong en mooi ben.'

Uit de tijd van Adam en Eva stamt een nog ouder verhaal waarin we dezelfde figuur tegenkomen als de heks voor de grot. Haar naam is Ereschkigal en ze is de heerseres van de onderwereld. In andere culturen heet ze Kali, de verschrikkelijke, Lilith, Baba Yaga of Sechmet.
Dit verhaal is het oudst geschreven verhaal ter wereld en komt uit de Soemerische traditie. Het gaat over de zuster van Ereschkigal, de hemelgodin Inanna, die naar de onderwereld reist om haar zus te bezoeken. Inanna was Godin van de wijsheid, de liefde en de erotiek, maar ook van de oorlog en de dood. Zij was de beschermster van de tempelprostituees en de bewaker van het hieros gamos, het heilige huwelijk. Een opvallend kenmerk aan haar was honger naar macht. In latere culturen werd zij Ishtar, Asherah of Astarte genoemd.

In het verhaal wil Inanna de begrafenis van de man van haar zuster Ereschkigal bijwonen. Heimelijk wil ze de heerschappij over de onderwereld hebben. Haar dienares vergezelt haar tot ze bij de poort van de onderwereld komt. Ze bonst op de deur en eist haar toegang. De poortwachter laat haar binnen, maar vertelt haar dat ze aan de wetten van de onderwereld dient te gehoorzamen. Ze zal zeven poorten door moeten gaan en bij iedere poort iets moeten afleggen. Bij de eerste poort moet Inanna haar sluier, haar armband en haar hoofdbedekking afleggen. Bij de tweede poort moet ze haar ketting van lapis lazuli afleggen. Bij de derde poort – iedere poort is telkens iets lager – moet ze de parels die ze op haar borsten draagt afleggen. Bij de vierde poort wordt haar

mascara verwijderd. Bij de vijfde poort wordt de gouden ring van haar hand afgenomen, bij de zesde poort de scepter, en bij de zevende poort wordt alle kleding van haar lijf afgenomen, zodat ze naakt in de onderwereld verschijnt.
Ze wil op de troon van haar zus Ereschkigal gaan zitten, maar deze kijkt haar aan met een dodende blik. Inanna verandert daardoor in een stuk rottend vlees dat aan de muur wordt gehangen. Drie dagen en drie nachten hangt haar lijk aan een haak, totdat haar dienares haar vader Enki smeekt om haar te terug te halen. Zo geschiedde, maar ze moet in haar plaats iemand anders aanwijzen die naar de onderwereld gaat. Dat wordt uiteindelijk Dumuzi, haar echtgenoot, die trots op de troon zit in de afwezigheid van zijn gade. Als ze uiteindelijk spijt krijgt van haar beslissing en haar man mist, offert de zus van Dumuzi zich op om de helft van het jaar zijn plek in te nemen.

Het is fascinerend dat het oudst geschreven verhaal deze afdalingsmythe is in de onderwereld waar de oude oermoeder Ereschkigal heerst. Ze is het donkere gezicht van de Godin en representeert de wijsheid van de aarde. Het is niet de schoonheid, of kennis, of spirituele inzichten die ons hier helpen, maar de dood. We moeten alles afleggen en innerlijk sterven om de helende kracht van de aarde te ervaren.
De sterke en hoogmoedige Inanna moet afdalen tot de onderste krochten van de ziel om gelouterd te worden en weer verbonden te worden met de aardemoeder. Net zoals de man die op zoek is naar de waarheid een jaar lang bij de afzichtelijk lelijke vrouw in de grot moet blijven. Beiden moeten een lange weg afleggen om uiteindelijk vrijwillig bij de onderwereld aan te komen.
Inanna moet drie dagen als een rottend lijk aan de muur hangen. Dit 'sterven' doet denken aan de kruisigingsdood van Christus, die eveneens na drie dagen weer opstaat en herrijst. We zien hier een psychologische afdaling en dood, waarbij de

persoonlijkheid al zijn kleding moet afleggen om naakt in het aangezicht van de dood te verschijnen. Alles waaraan we vasthouden, alle zekerheden, uiterlijkheden en aspecten waaraan we onze identiteit ontlenen, moeten we afleggen als we door de zeven poorten naar de onderwereld gaan. Het is dit proces van sterven en wedergeboorte dat ieder mens aflegt om werkelijk heel te worden.
Herman Hesse schrijft in 'Klein und Wagner': 'Je laten vallen! Zou je dat eenmaal gedaan hebben, zou je eenmaal van elke stut en van elke vaste bodem onder je hebben afgezien, dan luisterde je voortaan enkel nog naar de gids in je eigen hart, dan zou alles gewonnen zijn, dan zou alles goed zijn, geen angst meer, geen gevaar meer.'

De afdaling kan eveneens gezien worden als een energetische reis door de zeven chakra's naar de bekkenbodem van ons lichaam, het onderste chakra. Daar ligt de slang van de levensenergie opgeslagen, de kundalinikracht. Zodra we deze levenskracht weer wekken, kan ze via de ruggengraat weer omhoogstijgen en transformeren. Deze oerkracht manifesteert zich tevens in onze sexualiteit. Om werkelijk tot een volle beleving van de sexuele energie te komen, zullen we uit ons hoofd moeten afdalen naar ons bekken. We moeten alle gedachten, zekerheden en maskers die ons houvast geven loslaten om werkelijk naakt onze partner tegemoet te treden. In deze kwetsbaarheid kan de ander ons ware zelf zien en kan de dans der tegendelen pas werkelijk aanvangen. In die zin is het liefdesspel een uitdaging om alles los te laten, en te sterven in wie we zijn. Door onze persoonlijkheid af te leggen worden we naakt en open. Maar dat legt tevens al onze lelijke, pijnlijke en burgerlijke kanten bloot, die we het liefst bedekt zien.
Sexualiteit kan een heilige en helende ervaring worden als we bereid zijn die afdaling te maken, waardoor ons leven weer vruchtbaar en krachtig wordt. Het is juist deze weg die

we in onze cultuur vergeten zijn en veronachtzaamd hebben. We kijken liever omhoog, vooruit, en zoeken naar meer, beter en mooier. Zowel in de economie, de financiële wereld als de politiek en het sociale leven willen we liefst altijd groeien en stijgen, nooit afdalen. Maar voor de ziel is het onontbeerlijk dat we de afdaling in de onderwereld maken om werkelijk heel te worden. Dit oeroude verhaal, dat stamt uit het gebied van de Eufraat en de Tigris, waar zich tevens de Hof van Eden bevond, lijkt een essentiële boodschap te hebben voor onze huidige tijd, waarin de weg omhoog vereerd wordt en patriarchale waarden nog steeds de boventoon voeren.
Het zijn de donkere Godinnen die een belangrijke sleutel in handen hebben voor onze zoektocht naar de heilige relatie en het helen van de wond van onze sexualiteit. Blijkbaar moeten we op reis of afdalen in de meest eenzame of verlaten krochten van de ziel, om datgene dat ooit verloren is gegaan weer terug te vinden.

DE AFDALING

In 'De terugkeer van de koning' heb ik de afdaling van de man beschreven, die door zeven poorten uiteindelijk bij het onderste chakra aankomt voordat hij zijn rechtmatige plaats op de troon kan innemen. Dit verhaal van Inanna gaat over de afdaling van de vrouw, die alle aspecten van haar persoonlijkheid moet afleggen om haar donkere evenbeeld, haar schaduwkant en zuster Ereschkigal te ontmoeten. Het is in de verbinding met deze donkere kant dat de vrouw heel wordt en haar vruchtbaarheid, levenskracht en sensualiteit terugkrijgt. Pas door te sterven, de dood van het ego, kan ze werkelijk vrouw worden en haar plek innemen als koningin. Daarvoor wordt ze gehinderd door de ideeën die de samenleving over haar heeft, over hoe ze eruit moet zien, door de verwachtingen van haar ouders of haar eigen wen-sen en idealen. Ze is hoogmoedig en eigenwijs en zal moeten leren af te zien en te dienen. Door deze louterende kracht wordt ze volwaardig, vruchtbaar en helpt ze haar echtgenoot om dezelfde afdaling te kunnen maken.

Door af te dalen tot de onderste regionen van zowel ons lichaam als onze ziel komen we bij de essenties aan van ons wezen: onze mannelijkheid en vrouwelijkheid. In plaats van deze aspecten te verdoezelen en af te vlakken om als 'gewone' mensen door het leven te gaan, is de tegenstelling van de geslachten juist nodig om een gepassioneerd liefdesspel te bereiken.
Door vervlakking ontstaat routineuze sex, voorspelbaarheid, een simpel klaarkomen en slapen gaan. Door werkelijk de twee polen in onszelf en in de ander te eren wordt het liefdesspel een spannende dans, een krijgsdans waarin dan eens het vrouwelijke, dan weer het mannelijke de boventoon voert. Door beide polen in evenwaardigheid, maar tegelijkertijd hun anders-zijn te accepteren en te waarderen, ontstaat een werkelijke aantrekking en diepgaande vervulling als de twee uiteindelijk samensmelten. Daarvoor hebben beiden hun eigen weg in de onderwereld af te leggen. Voor iedereen zal de weg anders zijn en andere poorten behelzen.

Sexualiteit is een van de heilige inwijdingswegen naar de onderwereld. Hierdoor word je geïnitieerd en kan je energetische lichaam op een hoger niveau komen. Dat kan door af te dalen in de diepste krochten van jezelf. In je diepste emoties, je diepste verlangens, je diepste passies. Door daar naartoe te gaan en daar licht en liefde te brengen, transformeer je de levensenergie naar een hoger niveau van bewustzijn.

Net zoals de lotus zijn wortels diep in de modder stuurt om water en voeding te krijgen om uiteindelijk te bloeien, zo moet je als mens je wortels diep de grond in brengen, om gevoed te worden door die lagere, donkere energieën. Dit is het rijk van moeder aarde, waar we allemaal uit voortkomen.

Veel religies hebben sexualiteit verbannen. Ze hebben van sexualiteit iets zondigs gemaakt en daarvoor vrouwen beschuldigd. Vrouwen werden tot handlanger van de duivel bestempeld, als overspelige minnaressen of verleidsters. Maar het is juist deze weg van sexuele initiatie die mannen en vrouwen kan inwijden in hun persoonlijke kracht. Je kunt niet verder groeien als je het lagere, het materiële, het lichamelijke of het seksuele ontkent. Het is juist door het seksuele te omarmen, door het materiële te omarmen, door het lagere te omarmen, dat je werkelijk door kan groeien naar het hogere. In het duister ligt het licht verborgen. Jean Shinoda Bolen schrijft in 'Macht en liefde': 'De vrouwelijke wijsheid is gegrondvest in de natuur, in het wonen in een lichaam dat een voertuig voor het leven is.' Bolen verbindt de wijsheid van het vrouwelijke tevens met de wijsheid van de aarde. 'Wijsheid uit de aarde is wijsheid die uit het lichaam komt, wijsheid ontspringt aan het leven. In deze tijd van overgang keert een groeiend besef van de vrouwelijke wijsheid en van de onderdrukking daarvan in het algemene bewustzijn terug, als een herinnering die levend is gehouden in mythologieën waarin de verdwijning van de Godin der Wijsheid wordt beschreven.'

LEVENDE LEERSCHOOL

Wat je vaak ziet gebeuren in religies is dat de spirituele weg alleen nog wordt beleden met woorden of met het hoofd. Er wordt wel over gesproken, maar het is geen levende waarheid, geen levende leerschool meer. Dat is echter het enige dat telt. Het probleem met dit werk van transformatie is: je komt er niet denkend uit. Ieder zal zijn eigen stappen moeten maken, het proces doorleven en zijn eigen obstakels moeten overwinnen om tot verlichting of bewustzijn te komen. Zoals we al zeiden: kennis is niet genoeg. Het gaat om het daadwerkelijk doorleven van de pijn, zodat het onderliggende patroon zich kan openen en kan transformeren. Het leven zelf is de inwijding met alles erop en eraan: het hoge en het lage. Je kan de schaduwkanten van het bestaan – de ruige kanten van het bestaan – niet uitvlakken. Je kunt ze alleen maar integreren. Door ze erbij te nemen word je een totaler mens.

De poort naar het koninkrijk van de liefde ligt in je eigen hart verborgen. Heel vaak zoeken we naar het licht buiten ons, in boeken, in teksten, in mensen, in iets dat wij herkennen. Maar het licht komt van binnenuit. Hoe meer je je in de stilte begeeft – in die innerlijke ruimte die in je hart zit – hoe meer je in contact komt met je ware Wezen. In de stilte hoor je de stem van je hart. De stem van je hart vertelt je over jouw essentie. Over wie je bent, los van de rollen die je speelt in je leven. Over wat je te doen hebt, los van het feit dat je geld moet verdienen of je kinderen moet opvoeden. Het gaat over wie jij bent en wat jouw rol is in het Grotere Geheel, achter de maskers van alledag. Achter de sluiers van de werkelijkheid gaat jouw ware wezen verborgen. Je kent de doorns van het leven. Je kent de levensknopen waar je je doorheen geworsteld hebt, hetzij in relaties, hetzij in ziektes, problemen in je gezin, of op je werk. Je ziel heeft zich door die groeiknopen heen geworsteld om door te groeien naar het licht. Om van daaruit weer verder te groeien: omhoog, tot een volgende knoop, een volgende doorn. En nog een en nog een en nog een. Uiteindelijk kom je bij de laatste knoop en word je de roos zelf.

De kunst van de weg van de afdaling is alles wat op je pad komt onvoorwaardelijk te accepteren. Onze geest heeft geen antwoorden, geen controle, geen richting of houvast. Het

leven zelf wijst ons de weg, maar niet zoals we gedacht of gehoopt hadden. Het is de kunst om liefdevol aanwezig te blijven in alles wat zich aandient. Niet weg te rennen uit angst voor de pijn, niet iets anders te hopen of te verwachten, louter de situatie te accepteren zoals die zich voordoet. Deze boeddhistische levenshouding in relaties wordt door Pema Chödrön In het boek 'Als je wereld instort' op heldere wijze besproken:
'We kunnen zien hoe we weglopen en ons verstoppen en zo druk bezig blijven dat we nooit hoeven toestaan dat ons hart wordt geraakt. En we kunnen ook zien hoe we ons zouden kunnen openstellen en ontspannen. Het komt erop neer dat teleurstelling, gêne en al die andere gevoelens die ons onbehaaglijk maken, een soort dood zijn. De grond wordt volledig onder je voeten weggeslagen. We hebben de zaken niet meer in de hand en voelen ons niet meer meester over de situatie. In plaats van te beseffen dat er zonder dood geen geboorte kan bestaan, vechten we tegen de doodsangst. Het bereiken van onze grens is niet een soort straf. Het is eigenlijk een teken van gezondheid dat we bij het bereiken van de plaats waar we op het punt staan te sterven, bang worden en beginnen te beven. Gevoelens van teleurstelling en ongerustheid zijn signalen die ons vertellen dat we op het punt staan onbekend terrein te betreden. De spirituele reis houdt in dat je hoop en vrees overwint en onbekend terrein betreedt.
Hoe moeten we ons denken benutten als we onze gelijke vinden? In plaats van ons te laten gaan of onze ervaring af te wijzen, kunnen we ons hart laten doorboren door de energie van de emotie. Dat is gemakkelijker gezegd dan gedaan, maar het is het pad van mededogen...'(uit: Als je wereld instort, Pema Chödrön)

Een van de menselijke karaktertrekken is dat we zoveel mogelijk proberen pijn te vermijden. Fysieke pijn zorgt ervoor dat ons lichaam ineenkrimpt en dat ons bewustzijn samentrekt. Emotionele pijn creëert hetzelfde effect. Om pijn die iemand is aangedaan echter te verwerken moet ze gevoeld worden. Door de pijn werkelijk te voelen kan de spirituele les van het lijden worden erkend. Als de pijn wordt ontkend, mentaal, emotioneel of fysiek, wordt ze opgeslagen in het energetisch lichaam van de persoon in kwestie totdat het moment komt dat ze kan worden losgelaten. Wanneer dezelfde situatie zich herhaalt, wordt de pijn wakker gemaakt en creëert ze opnieuw dezelfde reactie van het lichaam: vluchten, vechten of ontkennen. De kunst is om de pijn van deze herinnering werkelijk te doorvoelen en de spirituele les die ze bevat te begrijpen. Als pijn wordt vermeden, wordt ze niet alleen opgeslagen in het etherische lichaam van de betreffende persoon, maar ook in het collectieve veld. Dit betekent dat de pijn ook door anderen wordt gevoeld. Om een voorbeeld te geven: als een man zijn pijn niet kan dragen en haar ontkent, zal vaak zijn partner deze pijn ervaren omdat ze energetisch verbonden zijn. Dit kan zo pijnlijk zijn voor de vrouw dat ze uiteindelijk de man gaat vermijden omdat het ondraaglijk wordt in het veld van pijn van haar echtgenoot te zijn. Dit gebeurt tevens op grotere schaal. Omdat mannen geneigd zijn hun innerlijke wonden te ontkennen, zijn het in het algemeen de vrouwen die de pijn van de mannen dragen. Dit kan zich uiten in onderdrukte emoties, ontkenning van hun vrouwelijkheid, minachting of zelfs verkrachting of geweld. Als de man zijn emoties niet kan voelen, voelt de vrouw ze des te meer.

Ieder heeft zijn eigen methoden om pijn niet aan te hoeven voelen. De enige weg is 'Per Crucem': met andere woorden: je kruis te dragen. Op het moment dat je dat doet, wordt de pijn transparant en openbaart zich de boodschap die het bevat. Achter de pijn zit ook je kracht. Dit is de essentie van menszijn; door je incarnatie heen kom je tot verlichting. De uitdaging is iedere keer weer je eigen pijn te dragen, in plaats van je pijn door te geven aan een ander. Als je geen of weinig bewustzijn hebt, geef je je pijn door aan je kinderen, aan je partner, aan je familie, aan je collega's etc. De kunst is om dat proces te stoppen door de pijn in te nemen, te dragen en vervolgens te transformeren. Vanaf dat moment is de pijn weg, ook uit je eigen karmische lijn. Het begint dus heel dichtbij. Je hoeft niet veel te weten. Kennis is handig maar niet noodzakelijk. Alleen de kennis van het hart.

Alles wat je partner doet, spiegelt een aspect, een kwaliteit of een valkuil in jezelf. Als je met één vinger naar de ander wijst, wijzen er drie terug. Dat is waar een heilige relatie voor bedoeld is: om je bewust te worden van jezelf. Er is niets buiten je. Alles is een reflectie van wie je bent en wat jij hebt aangetrokken. Zoek dus niet naar verklaringen, beschuldigingen of oorzaken buiten je. Zoek in de diepte van je eigen hart. Als je daar pijn of verdriet tegenkomt, eenzaamheid of afwijzing, veroordeling of woede, laat dan de emotie toe in je hart en sta haar toe daar een tijdje te blijven. Je hoeft haar niet te veranderen, noch op te lossen, of te veroordelen. Laat de emotie zijn, en als je geduld en vertrouwen hebt, zal je langzaam duidelijk worden wat ze daar komt doen. Ze heeft je een waardevolle boodschap te brengen. Hoe pijnlijker de gewaarwording, hoe belangrijker de boodschap. Wijs niets af dat je partner je aanbiedt. De ultieme relatie is de relatie met jezelf. Dat wil zeggen dat je alles wat je tegenkomt mag delen, in kwetsbaarheid en openheid. Dat kan de intimiteit en helderheid van jullie bijzondere band alleen maar versterken, maar gebruik je woorden niet om de andere te kleineren of te verwijten. Gebruik de verwondingen in de liefde om je eigen kracht te vinden die diep in je binnenste verscholen ligt.

Als je de weg van de liefde bewandelt, is het onontkoombaar dat je een groot stuk eenzaamheid zal moeten dragen. Je zult hiermee geconfronteerd worden, omdat je je aan niets meer kunt spiegelen. Je kunt niet meer refereren aan de wereld buiten je. Je kunt alleen maar refereren aan het Goddelijke in je. Dit is op iedere spirituele weg de moeilijkste drempel: het besef dat je alleen staat. Er is niemand die je daarbij kan helpen of die je daarbij kan begeleiden. Maar in het alleen zijn ben je tegelijkertijd Al-een. In de stilte openbaart zich het Goddelijke. In de diepste eenzaamheid ontmoet je God. Het is een bitterzoet genoegen. Draag je pijn met liefde. Draag je eenzaamheid met liefde. Daardoor ga je ervaren dat er geen eenzaamheid is, maar dat je volledig verbonden bent met de hele kosmos.

Je ware wezen bevindt zich voorbij de wereld zoals je die om je heen aanschouwt. Voorbij je gevoelens, voorbij je gedachten. Je draagt slechts een omhulsel, waarin je je uitdrukt in de wereld, maar je Wezen, je Essentie is niet van deze wereld. Net zoals het oog van de orkaan, waar alles omheen draait, is er een stiltepunt in jou zelf. En in die stilte ervaar je iets van het Mysterie van je eigen bestaan. De kunst is om telkens weer terug te keren naar dat stille centrum. De wereld lijkt zo gewoon. Alles lijkt zo vanzelfsprekend. Maar als je de ware aard zou zien, zou je beseffen wat voor goddelijk mysterie zich continu aan je ogen openbaart. Je grootste obstakel is je geloof in wie je bent. Zo vaak denk je dat je kleiner bent dan je ware Ik, omdat je niet anders geleerd hebt dan te denken in je kleine persoonlijkheid. Maar ik zeg je: je ware gezicht is zoveel grootser.

Heel vaak nemen we onze relatie, als ze al wat langer duurt en de bestendige vorm van een huwelijk of gezin heeft aangenomen, als vanzelfsprekend. We kennen de ander tot in details, met al zijn of haar gewoontes, leuke en slechte kanten, en we gaan een zekere mate van sleur ervaren, zowel in de relatie als in bed. Het leven wordt routinematig en de liefde droogt op tot een mager stroompje. Juist dan is een zekere mate van spirituele discipline nodig, om ons blijvend te verbinden met de Goddelijke kracht en innerlijke geliefde, die ons telkens weer maant om het leven ten volle te leven in overgave.

Het is deze toewijding aan de liefdeskracht die ons in een permanente staat van verliefdheid en levenslust kan brengen, een verliefdheid die uitstijgt boven de exclusieve gerichtheid op een partner, maar die het hele leven omarmt. Het grote gevaar is de ander in dit proces van spirituele ontwikkeling kwijt te raken of gewoon los te laten, maar het is juist de ultieme oefening om de verbinding met de partner te behouden. Zij of hij is niet de last die ons hindert, maar de uitdaging om ons op een nog dieper niveau te verbinden met het leven en met de liefde. Beweeg niet van elkaar af maar naar elkaar toe. Dring dieper door in het mysterie dat jullie bij elkaar heeft gebracht. Onderzoek de hindernissen en blokkades die je afsnijden van de stroom van liefde. Neem afstand als dat nodig is, maar houd je hart en je geest open naar de ander. Verval niet tot routinematige sex, om jezelf of de ander te bevredigen. Daarmee maak je het meest heilige tot een banale handeling van zelfbevrediging. Onthoud je van sex en wacht tot het moment komt dat de sexuele energie weer als vanzelf stroomt. Dit kan vele dagen en soms maanden duren, maar heb geduld. Je wachten wordt beloond, als je je hart in volle devotie toewijdt aan de liefde in jezelf, in God en in je partner. Bid om hulp en vraag om inzicht en indien nodig om vergeving. Sta open voor het proces en laat je leiden, ongeacht waar de weg je naartoe brengt.
In de Tarotkaart over de dood wordt gezegd: 'Zoals je in de nabijheid van de dood het leven op een nieuwe manier kunt ervaren, zo is het evengoed mogelijk dat je in het totale leven, in de verscheurende stroom van je hartstochtelijke liefde, de dimensies van de dood zult beleven. In de diepste liefde

overwin je de angst voor de dood. Je liefde voor je partner kan zo diep en onwankelbaar zijn dat er door de overgave aan je liefde iets in je sterft. De overgave aan de liefde laat je het transcendente ervaren. Je ego, dat wil zeggen de illusie dat je van jezelf en van de ander gescheiden bent, lost zich op. De feniks rijst op uit de as.'

BOODSCHAP VAN DE GROTE MOEDER

'Versluierd ben ik. Verborgen, vergeten, verbannen, uit de harten van de mensen die streven naar macht en rijkdom. Maar zonder de kracht van de Grote Moeder kan een maatschappij niet functioneren. En de tijd is gekomen dat ik weer terugkeer in het openbare leven. Ik heb vele namen; Godin, Zwarte Madonna, Grote Moeder, Kali, Astarte, Isis, Lilith. Het maakt niet uit hoe je mij noemt; het gaat om het vrouwelijke principe dat zich manifesteert in deze tijd.

Je rol daarin is dat je het aloude pad van het labyrint bewandelt naar het zesbladige hart. Door in jezelf af te dalen, moeilijkheden te overwinnen, je eigen grenzen te verleggen en je ego te bedwingen, kun je de werkelijke kracht van de Moeder belichamen, verwoorden en verbeelden.

Schaam je niet voor de donkere kant. Wees niet bang voor het duister. Juist in het duister ligt de voeding om jezelf te verheffen. Juist door je problemen kun je groeien en jezelf overstijgen. Zie je problemen als cadeaus die je helpen te transformeren. Je bent hier niet op Aarde om perfect te zijn, je bent hier om een proces van transformatie door te maken waarin je steeds meer van jezelf leert kennen. Uit het duister wordt het licht geboren.

Hoe meer je afdaalt in de duisternis en het onbekende in jezelf, hoe dichter je bij de Goddelijke vonk komt. Wellicht zul je eerst de ruis tegenkomen van je gedachten, herinneringen en gevoelens die allemaal door je hoofd en je lichaam zwerven. Het is goed om daar aandacht aan te geven omdat dat hetgeen is dat je bezighoudt. Maar het is net als met een orkaan: hoe dichter je het middelpunt nadert, hoe meer je de stilte van het

centrum zult ervaren. In het stille middelpunt – waar alles omheen raast – bevindt zich het Goddelijke licht.
Dit is de vonk die jouw essentie is. Vanuit deze vonk – die tijdens het geboorteproces is ingedaald in de materie – is je leven ontstaan.

Het gaat er niet om dat datgene dat je doet goed is of gezien wordt, geëerd wordt, gekend wordt, het gaat er alleen om dat je je hart volgt en mijn leiding ter harte neemt. Door je dienstbare leiderschap kan ik mezelf manifesteren. Dit is geen lichte taak. Zijn jullie bereid dit op je te nemen?

Wees niet bang; ik zal altijd met jullie zijn, waar je ook gaat, wat je ook overkomt. Vertrouw dat je geleid wordt, ook op je diepste momenten van wanhoop of twijfel. Er is niets dat niet bij het proces van wakker worden hoort.'

LIEFDESGEBED

Ik ben bereid om mijn waarheid te spreken en te leven. Ik vraag om kracht en moed om mijn waarheid te accepteren en me over te geven aan liefde. Ik ben niet meer bang om de waarheid onder ogen te zien, ook al doet ze misschien pijn. Ik weet dat de waarheid me vrij maakt, en me doet beseffen dat er nog een grotere waarheid van liefde is, die me leidt en me precies datgene geeft dat ik nodig heb in mijn leven.

Ik accepteer onvoorwaardelijk wat het leven me biedt. Ik ben ook bereid mijn diepste waarheid met mijn partner te delen, ook al doet hem/ haar dat misschien pijn. Ik weet echter dat alles ons dient en dat niets geheim tussen ons hoeft te zijn. Alles wat we ervaren is een mogelijkheid tot grotere intimiteit, groei en verbinding. Ik ben niet meer bang om naakt in het aangezicht van mijn partner te verschijnen.

Ik neem volledige verantwoordelijkheid in iedere situatie van mijn liefdesleven. Ik geef mijn partner niet meer de schuld van wat ons overkomt. Ik neem niet meer de schuld of pijn van mijn partner op me, maar respecteer zijn of haar gevoel. Ik ben bereid de waarheid van anderen te respecteren en mijn eigen verantwoordelijkheid te nemen. Als iets pijn doet in onze relatie hoef ik niet meer in de aanval of juist weg te rennen, maar kan ik in stilte en compassie blijven voelen wat het met me doet. Ik laat iedere situatie diep in mij doordringen en ben bereid naar de diepere oorzaken te kijken, net zolang tot ik weer bij de liefde uitkom. De liefde voor de ander, voor mijzelf en voor God.

Ik ben bereid om in iedere situatie, hoe moeilijk ook, de weg van de liefde en compassie te kiezen. Ik ben bereid om me volledig over te geven aan de liefde en me te laten leiden door de liefde.

Ik vergeef mijn partner onvoorwaardelijk, en dank hem of haar voor de waardevolle les die zij / hij me gaf. Ik laat alle oordelen die ik over de situatie heb los en accepteer de waarheid zoals die zich voordoet. Ik ben dankbaar voor alles wat me overkomt.

HOOFDSTUK 3.
HEILIGE RELATIES

Via mijn gidsen kreeg ik vele boodschappen door over het belang van relaties in deze tijd. De liefde tussen twee mensen is een poort die de hemel op aarde mogelijk maakt als we ons totaal durven over te geven. Ze spreken over het grote belang van waarheid, overgave, compassie en mildheid en andere zaken van het hart die nodig zijn in heilige relaties.
Door de grote veranderingen die er gaande zijn in de wereld worden we heftiger geconfronteerd met onze eigen keuzes. Waar gaan we voor? Durven we werkelijk te kiezen voor ons hart, ongeacht alle consequenties? Durven we de gebaande paden te verlaten en ons werkelijk over te geven aan de liefde? Niet de liefde als gewoonte, als romantisch ideaal of als therapeutische oefening, maar als een krachtige vibrerende energie die uit de diepte van ons hart komt. Dit is de liefde die niets anders van ons vraagt dan dat we bereid zijn te sterven.

In de komende tijd zullen ook steeds meer mannen en vrouwen het besef en de ervaring van de ontmoeting met zielsverwanten meemaken. Zielsverwanten zijn zielen die een duidelijke opdracht hebben in dit leven en dat als koppel ten uitvoer willen brengen. Dit kan alleen als mannelijke en vrouwelijke energieën, de twee tegengestelde polen, in evenwicht zijn. Dat betekent vaak dat er eerst de nodige strijd of worsteling nodig is om deze twee tegenpolen in balans met elkaar te brengen. Vaak hebben we in eerdere relaties gezocht naar mensen die meer met ons gemeen hadden, waardoor onze eigen energieën weerspiegeld werden en we vertrouwd raakten met (een andere versie van) onszelf.

In deze tijd gaat het er juist om de polariteit te vergroten en dat deel van onszelf te leren kennen waar we nog niet vertrouwd mee zijn: ons tegenbeeld. En juist in de overbrugging, de verbinding en de liefde, die tussen deze tegendelen kan ontstaan, opent zich een poort van extreme liefde. Ons hart, ons gevoel en ons incasseringsvermogen wordt zodanig op de proef gesteld dat alleen de liefde nog kan overwinnen. Al onze oude zekerheden, de normen en waarden waar we aan vast hielden, ons wereldbeeld dienen we los te laten om ons totaal over te geven aan de liefde en de waarheid van ons hart. Gedachten over hoe iets zou moeten zijn, zijn waardeloos geworden in het aangezicht van de naakte waarheid.

Zijn we dan, in dit grotere besef, in staat om mildheid, compassie en diepe liefde te manifesteren in plaats van terug te vallen op onze oude staat van zijn? Het hart wordt gekwetst, beproefd, getest, louter om het ruimer en groter te maken, zodat een grotere liefde zich kan manifesteren in de wereld. Het is deze Goddelijke liefde die tegenpolen overstijgt en toch zichzelf blijft. Het verschil tussen menselijke liefde en Goddelijke liefde is dat menselijke liefde is gebaseerd op behoeftes, willen hebben, en soms eisen. Goddelijke liefde is gebaseerd op willen geven, toewijding en omarmen. Maar om in staat te zijn om werkelijk te kunnen geven en jezelf toe te wijden aan een partner, moet je eerst je eigen behoeftes en verlangens kennen en ze kunnen overdragen van het Goddelijke. Deze overgave is de sleutel in het transformeren van je liefde in een heilig geschenk. Offer je behoeftes en je zult ontvangen. Draag je eisen over en je zult gediend worden. Geef je eisen op en je zult overvloed genieten.

Dit is de liefde die nodig is in de komende jaren. Word de

liefde, word compassie, word de Goddelijke lover, no matter what... De uiteindelijke liefde waaraan je je te meten hebt, is de liefde van God. Als je die kunt ervaren en oefenen in de relatie tussen zielsverwanten creëer je daarmee de hemel op aarde. Dit vraagt echter een groot spiritueel besef, een diepe liefde voor jezelf en de kracht om te blijven staan in het oog van de orkaan. Als je je zielsverwant hebt gevonden, weet dan dat dit een Goddelijk geschenk is. Twijfel niet, maar laat je leiden door de krachten van liefde en Goddelijke leiding die je vormen en bewerken. Zoals een beeldhouwer een stuk ruw marmer met zijn gereedschap bewerkt om er het mooiste beeld van te maken. Wees elkaars meester, elkaars leerling en elkaars geliefde, en laat de Goddelijke werking zijn weerslag krijgen in jullie relatie.

Om de heilige relatie vorm te kunnen geven, zul je eraan moeten werken. Daarom volgen hierna een serie liefdeslessen voor het hart om tot een hogere vibratie te komen en nog meer vervulling uit je relatie te halen.

De ziel

De ziel streeft gedurende vele incarnaties naar bevrijding. Ieder leven kies je een ander aspect van de liefde uit om te verkennen en ervan te leren. Je kiest bepaalde partners en situaties uit om dit aspect te ontwikkelen. Het is belangrijk om je levenslessen in dit leven te kennen, zodat je jezelf er volledig aan kunt wijden. De keuzes in je leven worden makkelijker en je kunt je neerleggen bij het feit dat alles wat gebeurt deel is van je leerproces.
Wanneer je je werkelijk vrij en verlicht voelt, bestaat er geen zoeken of leren meer: er is slechts het plezier van het aanschouwen van alles wat er in en om je heen gebeurt. De zoektocht naar geluk is geëindigd, omdat je zelf het geluk geworden bent. De zoektocht naar het Goddelijke is gestopt, omdat je zelf Goddelijk bent geworden. Deze staat van Goddelijke gelukzaligheid is je oorspronkelijke en ware staat van zijn, ondergesneeuwd door eeuwen van onwetendheid en ontkenning. Als je ontwaakt in je ware staat van zijn herinner je je Zelf, en je kleine zelf – je persoonlijkheid – lost op in een groter wezen.

Eén of meer partners?

Je kunt verlichting bereiken door middel van meerdere partners of door de exclusieve keuze voor één partner. Beide wegen hebben positieve en negatieve kanten en hun verlokkingen en valkuilen.

De keus voor meerdere partners betekent een compleet commitment aan jezelf en aan het spirituele pad. De kunst is om niet gehecht te raken aan een partner, maar om iedereen onvoorwaardelijk lief te hebben. Het spiegelt het pad van kluizenaars, monniken en nonnen die in het geheel geen sexueel contact hebben. Deze levenshouding die iedere gehechtheid of relationele verbinding uit de weg gaat, is niet gemakkelijk. Het gevaar bestaat dat je je een beetje verbindt met één partner, vervolgens een beetje met een volgende, en zo verder. Op deze manier kun je je nooit toewijden aan het Zelf, noch aan de Ander. Dit resulteert in een serie van onvervulde relaties en teleurstellingen onder de zogenaamde noemer van vrijheid. Maar in essentie ben je niet vrij: de waarheid is dat je niet kunt kiezen tussen twee paden. Je kunt je noch toewijden aan één partner, noch aan het Zelf. Dit zorgt voor ongeluk en leidt tot een continue zoektocht naar vervulling. Je moet kiezen tussen een van beide wegen.
De keuze voor één partner is evenmin gemakkelijk. Het vergt de juiste keuze qua partner, een werkelijk commitment in de vorm van een huwelijk, en de continue toewijding aan je geliefde en aan het Goddelijke aspect van jullie relatie. De relatie is niet bedoeld om je eigen verlangens te vervullen maar om de plicht van Goddelijke toewijding te vervullen. Door het vervullen van die taak kun je uiteindelijk de

vruchten proeven van bevrijding, verlichting en extase. Sexueel genot is een van de vruchten van dit innerlijke werk, niet een van de voorwaarden voor een relatie.

Grenzen

Een toegewijde relatie is als een alchemistisch vat. Het heeft grenzen nodig, zorg en ruimte. Door de ontwikkeling van deze innerlijke ruimte, die zowel vrij als omsloten is, kun je je verbinden met het zielenleven van je partner. Als deze heilige ruimte te klein en te nauw is, voelen jullie je beperkt. Als de ruimte te groot of onbegrensd is, verliest de relatie zijn stevigheid. Je hebt een goed evenwicht nodig tussen ruimte en commitment. Dit is de taak van beide partners, die ieder voor 100% verantwoordelijk zijn voor alles in de relatie. De magie van pure toewijding is het innerlijke weten dat alles wat gebeurt bij de ander eveneens bij jezelf gebeurt. Ieder aspect van je partner is een aspect van jezelf. Door de toewijding aan al deze aspecten, goed en slecht, in jezelf en in de ander, creëer je vrijheid, respect en liefde in je relatie.

Een partner ontmoeten

Een partner kan je helpen het doel in je leven te verwezenlijken. Je kunt zowel een partner kiezen die je doel ondersteunt of een partner die juist conflicteert met jouw doel. Het is behulpzamer om iemand uit te kiezen die je ondersteunt, hoewel conflict vaak nodig is om helderheid te brengen en werkelijk commitment aan te gaan met je bestemming en levensdoel. Door vele levens van strijd leer je uiteindelijk te dansen. Verafschuw het conflict niet, maar gebruik het om juist sterker en doelbewuster te worden. Veroordeel de ander niet, omdat de ander er louter is om je te helpen om helderheid over je doel te krijgen. Dank de ander ongeacht zijn of haar bijdrage.

Om langdurig sexueel plezier te hebben is het belangrijk dat er een versmelten van de ziel is, niet alleen van het lichaam, noch alleen van de geest of van het hart. Alle drie de aspecten zijn nodig bij het bereiken van vrijheid en spirituele vooruitgang. Fysiek contact brengt slechts kortstondig plezier en teleurstelling achteraf. Louter geestelijk contact resulteert in geestelijke vrijheid maar creëert eveneens een gevoel van kritiek, eenzaamheid en verlatenheid. Alleen hartscontact eindigt in jaloezie en een verlies van gronding en fysieke stabiliteit.

Vorige levens

Vaak ontmoeten partners elkaar niet voor de eerste keer in dit leven. Ze zijn in vorige levens al eens partners of bloedverwanten geweest. Het kan zijn dat ze een ouder-kindrelatie hadden, of vrienden, broer en zus of welke andere verbinding ook. Het is belangrijk om de connectie uit vorige levens op te helderen zodat je de dynamiek in je huidige relatie kunt begrijpen en in balans kunt brengen. Het kan zijn dat er een onafgerond conflict, oude pijn of wrok meespeelt die invloed heeft op de huidige situatie. Dit kan worden opgelost met de hulp van een medium, een persoon die vorige levens kan schouwen, of je kunt in diepe trance of meditatie gaan en vragen om inzicht over jullie connectie in vorige levens. Om pijn of disbalans in vorige levens goed te maken kun je een ritueel doen waarbij je vraagt om vergeving. Doe wat nodig is om harmonie en vrede te brengen in de huidige situatie en laat de last die je bij je draagt uit vorige levens los. Door het verleden los te laten wordt de weg vrijgemaakt waardoor beide partners zich meer op hun huidige levensdoel kunnen richten.

LIEFDESLES 6

Eer je ouders

Vaak is het zo dat als je geen goede initiatie in je puberteit hebt gehad, je nog steeds emotioneel en sexueel verbonden bent met je ouders. De man is nog 'getrouwd' met zijn moeder; de vrouw is nog steeds 'getrouwd' met haar vader. Doe een eenvoudig ritueel waarin je hardop uitspreekt dat je wilt scheiden en loskomen van je vader of moeder. Dank ze voor het feit dat je hun zoon of dochter bent en geef ze hun eigen partner terug. Eer je ouders als ouders. Ze zijn niet je vrienden, noch je vijanden; ze zijn de poort waardoor je naar deze wereld kwam. Vecht niet tegen ze en blijf ook niet aan ze hangen. Hun rol om je het leven te geven is neutraal. Je bent hun niets verschuldigd, net zomin als zij iets verschuldigd zijn aan jou. Eer gewoon hun leven en hun intieme verbinding met elkaar en wees je ervan bewust dat je ziel aan God behoort, niet aan hen. Hetzelfde geldt voor je kinderen: ook zij behoren God toe, en niet jou. Jij bent slechts degene die de deur heeft opengehouden waardoor zij ter wereld konden komen. Respecteer hun eigen weg, waarheen die ook leidt.

Vader – dochter, moeder – zoon

Beschrijf de band die je hebt met de ouder van de andere sexe: de man met zijn moeder en de vrouw met haar vader. Beschrijf in detail de dynamiek van jullie relatie, hoe je je vader of moeder vereerde of juist verachtte, hoe je naar contact verlangde of je je juist onderdrukt voelde en naar vrijheid snakte. Het kan ook zijn dat je beide kanten ervaarde: je zocht naar contact én wilde vrijbreken uit de band van je ouder. Dan ervaar je een dubbele en wat complexere band van intimiteit. Als je het verhaal af hebt, lees het nog eens aandachtig door en vervang dan vervolgens in gedachten het woord vader c.q. moeder door je partner. Kijk welke overeenkomsten er optreden die van invloed zijn op je huidige relatie.

LIEFDESLES 8

De verwachtingen van je ouders

Soms laten ouders op hun kinderen een grote indruk achter van hun eigen onvervulde verwachtingen. Ze hopen dat hun kinderen de oplossing vinden voor hun problemen. Vaak projecteert de vader zijn ambities op het leven van zijn zoon, zoals de moeder haar wensen op het leven van haar dochter projecteert. De moeder kan heimelijk wensen dat haar kind meerdere lovers heeft. Of de vader hoopt onbewust dat zijn dochter voor een carrière kiest en niet bij haar echtgenoot blijft. Zijn eigen zoektocht naar vrijheid wordt geprojecteerd op zijn dochter. In plaats van hen de vrijheid te geven en een gezond vertrouwen in het leven, geven ze hen een vast idee mee dat als een soort vloek werkt. Het kind kan de vloek niet verbreken zonder de verwachtingen van de ouders ongedaan te maken, waardoor het gevangen komt te zitten. Het moet kiezen tussen de liefde voor de ouders of vrijbreken uit de vloek.

Ritueel om verwachtingen te doorbreken

Schrijf op een stuk papier alle wensen van je vader en moeder op die ze in hun leven hebben gehad maar die niet vervuld zijn. Dat kunnen sexuele wensen zijn, emotionele wensen, financiële wensen, spirituele wensen of sociale wensen. Het kunnen zelfs kleine of concrete zaken zijn, zoals het verlangen om een tuin te hebben of een wasmachine.
Lees deze lijst hardop voor tegen je partner. Na iedere wens zegt je partner: 'Ik geef je alles wat je wil. Ik zal je niets onthouden. Ik wens dat je volkomen vervuld wordt.'

Daarna verbrand je de lijst en zeg je de volgende zin: 'Ik ben bereid de wensen en verwachtingen van mijn ouders los te laten. Ik eer hun leven en wat zij gecreëerd hebben. Ik eer zowel hun geluk als hun pijn. Ik ben niet meer verantwoordelijk om hun wensen te vervullen. Ik sta mezelf toe mijn eigen leven te leiden.'

Tegen je partner zeg je: 'Ik eer jou als mijn partner en besef dat jij me alles geeft wat ik nodig heb. Al mijn verlangens en wensen, bewust of onbewust, leg ik aan jouw voeten, wetend dat je alles vervult.'
Buig voor elkaar en dank elkaar.

LIEFDESLES 10

Een partner vinden

Een vrouw zoekt een man die haar kan beschermen en voor haar kan zorgen: sexueel, financieel, emotioneel, intellectueel en spiritueel. Beschermen en zorgen zijn twee mannelijke basiskwaliteiten. Bewust of onbewust zal ze zoeken naar de juiste partner die aan haar verlangens en behoeftes voldoet.
Op sexueel gebied zal ze kijken naar de lengte, breedte en grootte van de penis om haar genot te verschaffen, afgestemd op de grootte van haar yoni. Zal hij haar genot kunnen schenken en haar kinderen kunnen geven? Dit wordt ook gemeten in de hoeveelheid sperma die hij produceert. De geur, smaak, zijn haar, zijn lengte en zijn spieren zijn alle onderdeel van haar aantrekking tot hem.
Op financieel gebied zal ze zoeken naar een partner die haar kan onderhouden. Deze kwaliteiten worden weerspiegeld in zijn kleding, zijn financiële gedrag, zijn inkomen en zijn auto.

Op emotioneel gebied zal ze zoeken naar een man die haar emotionele stabiliteit kan geven. Als ze zelf zeer emotioneel is, zal ze zoeken naar een partner die haar emoties kan dragen. Als het intellectuele of spirituele aspect belangrijk is in haar leven, zal ze een partner zoeken die met haar overeenkomt op die niveaus.

Een man zal een vrouw zoeken die kan ontvangen en omvatten: sexueel, financieel, emotioneel, intellectueel en spiritueel. Ontvangen en omvatten zijn twee vrouwelijke basiseigenschappen. Bewust of onbewust zal een man naar de juiste partner zoeken voor zijn behoeften en wensen.
Op sexueel gebied zal hij zoeken naar een vrouw die over-

eenkomt met de grootte van zijn penis, die hem genot en kinderen kan geven. Haar sexuele aantrekkingskracht wordt uitgedrukt door haar lippen, haar make-up, haar borsten, haar billen, benen en armen. Op financieel gebied zal hij kijken naar een vrouw voor wie hij in staat is te zorgen. Op emotioneel gebied zal hij zoeken naar een vrouw die zijn emoties, zijn zwakheden en zijn kwaliteiten kan dragen en ontvangen. Als hij een sterke focus heeft op intellectueel of spiritueel gebied zal hij een partner zoeken die zijn verlangens op dat gebied zal vervullen.

Sommige van de hierboven genoemde aspecten zijn meer of minder bewust. Sommige mensen zullen een sterke focus hebben op de sexuele aantrekkingskracht, anderen op emotionele of juist op de spirituele aantrekkingskracht. Maar onbewust spelen de andere aspecten mee. Alle bovengenoemde onderwerpen maken deel uit van het spel van het aantrekken en ontmoeten van geliefden. Er is echter één aspect dat alle andere aspecten overtroeft: dat is het aspect van de ziel. Er zijn bepaalde zielencontracten die vervuld dienen te worden. In de oefening over zielen-contracten kun je meer inzicht krijgen in het aspect van de ontmoeting van twee geliefden.

Om je 'perfecte partner' te vinden en een helder en volledig beeld van datgene wat je aantrekt te krijgen bestaat de volgende oefening:
Maak een lijst over hoe je zou wensen dat je partner is. Maak onderscheid tussen sexuele, financiële, emotionele, intellecttuele en spirituele wensen. Maak de lijst zo uitgebreid en gedetailleerd mogelijk. Creëer een compleet beeld van je 'perfect lover'. Doe daarna een meditatie waarin je je partner ontmoet. Visualiseer dat hij of zij je tegemoet komt. Begin een gesprek met hem of haar en vraag je toekomstige partner hoe je hem/haar kunt dienen. Wat kun je doen om elkaar te

ontmoeten? Maak jezelf vertrouwd met de energie van de andere persoon op zielenniveau. Dit bereidt je voor op de werkelijke ontmoeting met die persoon in de realiteit.
Na de meditatie verbrand je de lijst. Je kunt het volgende gebed opzeggen: 'Ik ben bereid mijn zielsverwant te ontmoeten. Ik sta open om de liefde en de vriendschap van een partner te ontvangen. Ik eer mijn persoonlijke wensen en verlangens maar ben eveneens bereid ze los te laten. Ik vertrouw erop dat de juiste persoon naar me toe komt. Ik geef mijn liefdesleven in Gods hand en weet dat hij/zij me precies geeft wat ik nodig heb en waar ik naar verlang.

Waarschuwing: deze oefening moet je alleen doen als je nog geen partner hebt. Als je deze oefening doet terwijl je in een relatie zit, creëer je disharmonie. Je trekt een andere partner aan in je leven. Kijk liever naar de reden dat je niet tevreden bent met je huidige partner. Dit is de wet van aantrekking. Zoek nooit naar groener gras aan de overkant. Zorg eerst voor je eigen tuin. De liefde is niet een product dat je gewoon kunt inruilen of bevelen. Het is een geschenk en het is de kunst om het dankbaar te ontvangen.

LIEFDESLES 11

Zielencontract

Iedere ziel kiest een andere ziel uit om elkaar te helpen hun contract te vervullen en om van elkaar te leren en zichzelf te ontwikkelen. Het is belangrijk om te weten welk contract je hebt met een andere ziel, zodat de relatie helderder wordt en meer gefocussed. Deze contacten kunnen betrekking hebben op sexueel gebied, op emotioneel gebied of ieder ander terrein. Om uit te vinden wat het zielencontract met je partner is, kun je de volgende oefening doen: Start met een meditatie. Visualiseer je partner en visualiseer de engel die de hoeder is van jullie relatie: de gids die jullie helpt om je contract te vervullen en die jullie relatie beschermt. Stel je voor dat je beiden deze relatie-engel benadert en voor hem of haar neerknielt. Vraag de gids wat jullie beiden van elkaar te leren hebben, en wat het doel is van jullie ontmoeting en relatie. Het antwoord kan verschijnen in de vorm van een beeld, een zin, een gevoel of een intuïtief weten. Dank de gids voor de hulp en begeleiding en leg je hart in zijn of haar handen. Buig daarna voor je partner.

Je kunt het volgende gebed opzeggen:
'Ik ben bereid me over te geven aan het hoogste doel van onze ontmoeting. Ik buig voor je ziel en weet dat ik hier ben om je te helpen. Ik ben bereid alles te doen wat nodig is om je bestemming te helpen vinden en om ons zielencontract te vervullen. Ik zal dit doen met plezier en dankbaarheid. Ik weet dat jij hetzelfde voor mij doet, ook al begrijp ik het soms niet. Ik vertrouw erop dat je het hoogste in mij naar boven haalt en me uitdaagt om werkelijk mijn bestemming te vervullen. Zo zij het.'

LIEFDESLES 12

Karma

Karma is de wet van oorzaak en gevolg. Alles wat we doen, creëert kringen in de vijver van de toekomst. Alles wat we in dit of in een vorig leven gedaan hebben, heeft zijn effect op het huidige moment. Dit gaat niet om schuld of vereffening, zoals we geneigd zijn te denken, maar om het simpele feit van oorzaak en gevolg. Het is belangrijk dat we de implicaties van wat we creëren begrijpen en van onze handelingen kunnen leren. Dit is de manier waarop het universum ons feedback geeft: door ons de andere kant van de zaak te laten zien. Met andere woorden: alles wat we een ander aandoen, komt bij ons terug. Op deze manier kunnen we beide kanten van de situatie ervaren. Daarom wordt er gezegd: 'Wat gij niet wilt dat u geschiedt, doe dat ook een ander niet.'

In het sexuele spel is dit eveneens het geval. De Kama Sutra legt de nadruk op *sambogha* en *ahimsa*. Sambogha houdt in dat je gemeenschap hebt op basis van gelijkwaardigheid en een genotvolle harmonie tussen beide partners. Iedere druk, manipulatie of ongelijkwaardigheid zorgt ervoor dat het liefdesspel ten einde loopt. In plaats daarvan dient iedere handeling van liefde, genot en erotiek beantwoord te worden door de ander zodat het liefdesspel zich kan voortzetten en verdiepen.

Ahimsa is het principe van het vermijden van lijden. Je moet ervoor zorgen dat je de ander niet kwetst en er tevens voor zorgen dat de ander jou niet kwetst. Iedere kwetsuur creëert een disbalans en daarmee een karmische schuld, die omgekeerd bij jezelf terugkeert. Door de ander te helpen jou niet te kwetsen vermijd je om een slachtoffer te zijn, maar je helpt de ander tevens om geen negatief karma op te bouwen.

Nodig God of de Godin uit

Er is zoveel verwarring en eenzaamheid tussen geliefden, omdat ze verlangen naar verbinding en eenheid en juist het tegenovergestelde creëren. Je relatie is dus de beste leerschool om door te krijgen hoe je eenheid of juist verdeeldheid creëert.

De eerste les daarin is dat je er absoluut niet alleen komt. Het is een gezamenlijk proces en dan bedoelen we niet alleen een proces samen met je partner, maar tevens samen met God, het grotere geheel, de engelen en gidsen om je heen. Je relatie is een afspiegeling van het Goddelijke principe van man en vrouw, of man en man / vrouw en vrouw, als dat je keuze is. Vraag om hulp, begeleiding, zegen, om wat dan ook dat je kan helpen om meer eenheid in je relatie te brengen. Hef de eenzaamheid in eerste instantie op door de verbinding met God of de Godin aan te gaan en Hem/Haar uit te nodigen in je relatie. Bid tot Hem, omarm Haar en vraag om wat je nodig hebt: in je dagelijks leven, in je communicatie en in bed.

LIEFDESLES 14

Commitment in relaties

Door een wezenlijke verbinding met je partner aan te gaan creëer je als het ware een container waarin het alchemistische groeiproces van jullie liefde zich kan vervolmaken, hoe moeilijk het ook soms zal zijn. Commitment aan je partner is hetzelfde als volledig commitment aan jezelf. Het is de kunst om werkelijk te geloven in jezelf en je zelf onvoorwaardelijk lief te hebben. Dat het je vaak niet zal lukken en dat het soms kan leiden tot het feit dat je uit elkaar gaat, is geen probleem. Het gaat om de intentie. In een huwelijksvoltrekking wordt de intentie uitgesproken om bij elkaar te blijven, in voor- en tegenspoed, in armoe en rijkdom, etc. Het is belangrijk die intentie naar elkaar uit te spreken omdat daarmee de container verzegeld wordt. Het impliceert op dat moment het uiteindelijke succes van jullie verbinding. Het staat je overigens vrij om daar de tijd voor te nemen en relaties aan te gaan voordat je je wezenlijk verbindt. Daardoor kun je groeien in je ontwikkeling en jezelf voorbereiden op een dergelijke innige verbinding.

LIEFDESLES 15

Relatie als tempel

Het volgende aspect van een heilige relatie waarin je een veld van eenheid kunt scheppen is de absolute waarheid van jullie lichamelijkheid; vaak wordt afgescheidenheid ervaren doordat beide partners zich in de wereld van hun gedachten of van hun emoties verschuilen en daardoor niet aanwezig zijn, lichamelijk en energetisch, voor hun partner. Jullie relatie is als een tempel die wordt onderhouden door de twee zuilen van je lichaam. Eer je lichaam en dat van de ander. Wees elkander nabij; raak elkaar aan en heb absoluut respect en eerbied voor elkaars lichaam. Door dit intieme contact kan de alchemistische container van jullie samenzijn zich uitbreiden, totdat er ruimte is om steeds meer liefde toe te laten.

LIEFDESLES 16

Waarheid in relaties

Liefde kan niet zonder waarheid. Het zijn twee kanten van dezelfde medaille. Wees ongehinderd eerlijk tegen elkaar, ook al is dat soms moeilijk in een relatie en voel je je soms vol schaamte of schuldig over je gevoelens, je verlangens en je ideeën. Weet dat de liefde niet kan groeien als de waarheid zich niet mag openbaren. Neem het risico je werkelijk bloot te geven, met al je zielenroerselen, al je geheime gedachten of fantasieën, waardoor de ander ook jouw meest onbekende kanten leert kennen. Binnen het commitment om jullie liefde steeds verder te verdiepen kun je geen deel van jezelf onbesproken laten. Neem het risico dat de ander je niet begrijpt of niet deelt in jouw gevoel. Dat geeft jullie beiden de mogelijkheid om te groeien in begrip en verbinding. Spreek, om maar eens een voorbeeld te geven, al je geheime sexuele fantasieën tegen elkaar uit en kijk wat het met je doet. Of vertel datgene waar je je schuldig over voelt en wat wellicht de ander gekwetst heeft.

Individualiteit binnen relaties

Geef nooit je individualiteit op. Word nooit slaaf van een ander. Het huis van de relatie kan alleen blijven staan als beiden onvoorwaardelijk vertrouwen hebben in hun eigenheid. Ga niet mee met de ander. Je overgave is aan de liefde, niet zozeer aan de wensen of behoeften van de ander. Het gaat om de ontmoeting, niet om de samensmelting. Dit kan wellicht in tegenspraak lijken met het verlangen naar eenheid, maar is het toch niet. Als je versmelt, wordt je veld van liefde kleiner; als je je verbindt vanuit contact met je eigenheid kan je veld van liefde juist groeien. Veel echtparen zoeken de eenheid in de versmelting, en daarmee wordt hun persoonlijke leef- en gevoelsruimte steeds kleiner. Ze zullen dit aan de ander wijten en daarmee ontstaat een veld van wrok en veroordeling: je laat me niet vrij; je zuigt me op; je bepaalt mijn leven. Juist in je eigenheid ben je in staat je werkelijk over te geven, omdat het een transcendent proces is, waarin je eigenheid als een soort bloem tot volle bloei komt, in de liefde van God en van je partner.

Onvoorwaardelijke liefde

Wees onvoorwaardelijk liefdevol en steunend naar jezelf en anderen. Houd ermee op jezelf of de ander te bekritiseren. Kritiek is als een soort virus dat je computer vervuilt; het hoort niet bij je en breekt al je programma's af. Sommige mensen hebben de neiging hun uiterlijk te veroordelen; anderen veroordelen hun eigen sexuele wensen en begeerten. Weer anderen veroordelen zichzelf als man of vrouw. Er is altijd iets wat niet oké is, maar weet dat dit allemaal illusie is. Het is een valstrik van je eigen ego om de waarheid niet te hoeven zien. Op het moment dat je gelooft in je eigen tekortkomingen heeft het ego gewonnen. Als je gelooft in de kritiek die je hebt op een ander, heeft je ego gewonnen. Het ego leeft bij de gratie van je kleinheid; als het de grootsheid van het Zelf moet erkennen, heft het zichzelf op. Maar o, zoete paradox: hoe kun je het ego uitschakelen zonder daar weer kritiek op te hebben? Alleen liefde, inzicht en vergeving zorgen voor verzachting en heling.

LIEFDESLES 19

Kritiek en zelfkritiek

De grootste belemmering die je hebt, is zelfkritiek. Door jezelf voortdurend naar beneden te halen en kritiek te hebben op jezelf maak je jezelf kleiner dan je bent. Je kijkt nog steeds door de ogen van een straffende God naar jezelf. Je hebt de neiging jezelf te veroordelen en daarmee de grootsheid van wie je bent te ontkennen. Je ziet jezelf door de ogen van je kleinheid; ik zie je door de ogen van je grootsheid. Je kunt een kind straffen om wat het nog niet kan, maar je kan het ook waarderen om wie het is. Je mag jezelf ongelimiteerd liefhebben, ondanks de zogenaamde fouten of tekortkomingen die je jezelf aanmeet. We willen niet zeggen dat alles wat je doet goed is, maar het valt in het niet als je de waarheid van jezelf zou kunnen zien. Nu breek je dat beeld continu af en omdat je tekortschiet in je eigen ogen, ga je jezelf straffen. Er zijn verschillende manieren waarop je jezelf straft. De meest ondoorzichtige manier is door kritiek te hebben op anderen. Er zijn hele systemen – en dan denken we aan religieuze en politieke systemen – die een complete godsdienst hebben gemaakt van veroordelingen en straffen, om het eigen tekort te verbloemen. De pijn en zelfveroordeling wordt omgezet in straf en oordelen naar een ander, of naar een hele groep. Hoe meer iemand zich vastbijt in oordelen, hoe moeilijker het wordt voor hemzelf om zichzelf lief te hebben. Het oordeel over de ander is een vermomde vorm van het oordeel over zichzelf. Een andere vorm van straffen is zelfsabotage. Door jezelf slachtoffer te maken kom je in evenwicht met de bestraffer in jezelf. Mensen die erg aan slachtofferschap vasthouden, zijn eigenlijk grote zelfbestraffers. Ze zijn erg streng voor zichzelf en kunnen niet met zachtheid naar zichzelf kijken. Het hele systeem van veroordeling en zelfveroordeling wordt daardoor in stand gehouden; de een veroordeelt de ander, de ander veroordeelt zichzelf en wordt daarmee slachtoffer.

Er is geen kwaad, alleen onwetendheid

Goed en kwaad zijn menselijke constructies van de geest. In werkelijkheid zijn er alleen maar ervaringen en lessen. Een relatie is niet bedoeld om te werken, maar om te groeien. In dit perspectief van eeuwigdurende verandering kun je alleen maar groeien door fouten te maken, te vallen en weer op te staan, zodat je steeds meer in liefde je weg kunt bewandelen. Veroordeel elkaar niet om de 'fouten', want daarmee richt je je aandacht weg van je eigen pad. Deel je verdriet, je pijn, je teleurstelling, maar houd de energie en aandacht bij je eigen groeiproces. De ander is er louter om je hierin te helpen, soms door je te ondersteunen, dan weer door je te confronteren, of de spiegel voor te houden. Dit is het intieme geheim van relaties en wie de kunst van het spel verstaat, zal in alles de Goddelijke hand kunnen zien. Veroordeel niets, want ieder oordeel wijst terug naar jezelf. Wees liever aandachtig aanwezig bij wat de situatie bij jezelf oproept aan emoties. Dit is de poort naar zelfinzicht en overgave.

LIEFDESLES 21

Verlatingsangst en bindingsangst

Iedereen heeft in zekere mate verlatingsangst en/of bindingsangst. Als we verlatingsangst hebben, neigen we ernaar volledige veiligheid bij onze partner te zoeken en willen we absolute trouw van de ander. We zoeken onze veiligheid, liefde, en vervulling bij de ander. Hij of zij is de moeder of vader die we nooit helemaal gehad hebben en die we alsnog in onze relatie zoeken in de partner. 'Jij moet me gelukkig maken' is de eis van de partner met verlatingsangst.
Als we bindingsangst hebben, hebben we de omgekeerde neiging: we houden juist enige afstand, uit angst dat de nabijheid en de liefde te dichtbij komt en we onze vrijheid en identiteit verliezen. We zijn bang voor liefde en hebben allerlei rechtvaardigingen om haar niet helemaal te hoeven omarmen. 'Ik ben gehecht aan mijn vrijheid', denkt de partner met bindingsangst. 'Een relatie is veel te benauwend.' Het doet hem of haar denken aan de dominante vader of moeder die alles bepaalde en geen enkele ruimte bood. Het loslaten en afstand nemen van de band met die ouder wordt in de relatie iedere keer herhaald.

Het kan ook zijn dat je een combinatie hebt van beide: dat je zowel bindingsangst hebt als verlatingsangst. Dan wordt iedere relatie een soort gevaarlijk avontuur van aantrekken en afstoten. Ik wil bij je zijn, maar laat me met rust. Ik houd van je en ik haat je. Beide krachten kunnen sterk aanwezig zijn, of in lichte mate, maar eigenlijk kunnen we ze beide herkennen in onszelf. En tien tegen één heeft onze partner precies de tegenovergestelde houding, waarmee het relatiedrama compleet is. De een wil nabijheid, de ander afstand, of omgekeerd.

Ook hier is de sleutel om met compassie en verwondering naar onze patronen te kijken, wellicht in eerste instantie alleen, maar als je een toegewijde relatie hebt, kun je dit ook met zijn tweeën onderzoeken. Het patroon hoeft echter niet te veranderen. Je hoeft er alleen maar naar te kijken. Het gewaarworden en er met aandacht naar kijken is eigenlijk de weg eruit. Het gaat niet om perfectie maar om heelwording, zoals we eerder zagen, en dat betekent dat we onszelf niet telkens hoeven te verbeteren in een eindeloze zoektocht naar de perfecte relatie, we hoeven er alleen maar naar te kijken en ons gewaar te worden van de patronen die we in ons leven hebben. Zachtheid, mildheid en liefde zijn de sleutels tot bevrijding en verlossing, zowel naar onszelf als naar onze partner. Want juist in het ontdekken van dit proces gaan we compassie voelen voor onszelf en onze partner en kunnen we er helemaal voor de ander zijn. We weten waar zijn of haar pijn ligt en kunnen hem troostrijk omarmen. Dit vraagt een enorme opgave, omdat we juist geleerd hebben ons van de pijn en ellende van de ander af te wenden. Hij kwetst ons, verlaat ons, zit ons te dicht op de huid, beperkt ons, etc. Dat is nu net niet wat we willen. We willen een perfecte partner die er voor ons is, maar dat blijkt na de afloop van de honeymoon vies tegen te vallen. Juist dan vraagt het van ons de alertheid om de geschenken in vermomming die ons onze partner brengt uit te pakken en te aanvaarden. Want dat is het geheim van de relatie: de ander brengt je precies wat jij nodig hebt, en omgekeerd. Hoe bewuster je het geschenk van de ander kunt ontvangen, hoe verrijkender en dieper jullie relatie wordt. Soms kun je in de handelingen en pijn van de ander onmogelijk het dieperliggende geschenk zien. Je voelt alleen maar afwijzing, verraad, controle, machtsmisbruik of manipulatie. Zonder je dan af om in alle stilte naar de relatie met je partner te kijken en om hulp te vragen. Bid en vraag je hogere leiding om advies. Want hier komt de sleutel van een heilige relatie: je eerste relatie is met God/Godin, en van daaruit ga je opnieuw de relatie aan met je geliefde.

Wees je altijd bewust van die eerste prioriteit, waarin de grootste en diepste intimiteit verscholen zit: de relatie met je innerlijke geliefde, Jezus of Maria Magdalena, of welke naam je ook maar geeft aan de heilige band die jou verbindt met het hoogste in je ziel. Ook daar kun je verlatingsangst en bindingsangst ervaren, met dat verschil dat de Ander er altijd is en je nooit verlaat, en je precies dat geeft wat je nodig hebt. Wees niet bang voor een innige relatie met God. Betrek Hem/Haar bij al je problemen, je wensen, je verlangens, je intieme vraagstukken en je zult langzaam gaan merken dat, hoe meer je het Goddelijke toelaat, je leven van een grotere schoonheid, rijpheid en liefde wordt. Je wórdt uiteindelijk de perfecte geliefde die je altijd in de ander zocht.

LIEFDESLES 22

Projectie

Een van de grootste krachten waardoor we aangetrokken worden tot onze partner is het onbewuste verlangen naar onze vader of moeder. We worden verliefd op diegene die exact het patroon van de andere ouder representeert, waarnaar we op zoek zijn of waar we juist een afkeer van hebben. Dit patroon zien we dan herhaald in onze relatie en brengt ons opnieuw in contact met de eerdere ervaringen uit onze jeugd. Het duurt even voordat we dit door hebben, maar op een gegeven moment valt het kwartje: hij of zij handelt precies hetzelfde als onze vader of moeder, of althans: zo ervaren we dit. We kunnen eigenlijk niet de echte beweegredenen van onze partner zien, omdat we alleen maar onze projectie van onze eigen vader of moeder zien. Dit zijn zulke krachtige beelden dat we ze telkens herhalen in iedere relatie totdat we ze ten volle begrepen en doorleefd hebben. Het kan zijn dat het om een onvervuld verlangen gaat, of om een strijd of boosheid ten opzichte van een van onze ouders. In essentie gaat het altijd om twee energieën: we voelden ons niet geliefd of gezien, of we ontkenden de liefde die we kregen. De eerste leidt tot slachtofferschap - ik krijg niet wat ik wil - en de tweede leidt tot daderschap - ik ga jou niet geven wat je wilt. Het slachtofferschap uit zich in klagen, verdriet, angst en frustratie, het daderschap uit zich in macht, boosheid, afkeer, arrogantie en frustratie. Vaak ontmoeten deze twee patronen elkaar in meer of mindere mate in een relatie tussen twee partners. De een is dader en de ander is slachtoffer. Het leidt tot een eindeloos machtsspel van onvervuld verlangen. De weg eruit is het doorzien van de rollen die we spelen en die een eindeloze herhaling zijn van de band met (een van onze) ouders. Als we dit basispatroon doorzien en er met liefde en vergeving naar kunnen kijken, zijn we werkelijk een stap dichter bij onvoorwaardelijke liefde voor de ander. De projectie valt weg en we zien de partner voor wie hij of zij in werkelijkheid is. De illusie wordt doorbroken en we zijn niet meer verliefd op het beeld dat we op de ander plakken, maar beginnen de werkelijkheid van de ander lief te hebben, zonder er ons eigen verhaal overheen te leggen. Dit is het wegnemen van de sluier die ons brengt bij overgave aan de waarheid.

'Wanneer we lijden doorstaan, onze eigen schaduw accepteren in plaats van die op de ander te projecteren, de waarheid met mededogen tegemoet treden en de moed hebben tot integer handelen, vallen onze defensies en ontkenningen weg en wordt onze blik verhelderd, zodat we gaan zien wat wezenlijk belangrijk is. Dan beseffen we dat iemand of iets bezitten, macht over anderen verwerven, in dit leven of na onze dood beroemd worden, of wraak kunnen nemen niet langer een dwingend doel is. Eerst dan maken we kans te ontdekken dat er werkelijk een bron van wijsheid en heling in onze diepten schuilt, namelijk het zuivere goud van de psyche: liefde.' (Jean Shinoda Bolen, Macht en Liefde)

LIEFDESLES 23

Angst voor liefde

De grootste angst is de angst voor de liefde. Als we de liefde in al haar grootsheid zouden durven toelaten, worden we verbrand door haar intense licht. Het ziet ons in onze grootsheid, de kracht die we zelf nog maar nauwelijks durven aanschouwen. Het laat ons zien wie we in wezen zijn, maar nog niet durven te aanvaarden. Ons ego houdt ons klein. Als we verliefd worden zien we voor korte tijd die grootsheid in de ander en in onszelf, doordat we ons geliefd weten. We lichten een tipje op van de sluier van onze ziel, maar durven en kunnen haar nog niet in al haar omvang toelaten. De sluier daalt weer neer en de wittebroodsweken zijn voorbij. Het lange en eenzame pad begint om de geliefdheid van onszelf tot in elke vezel toe te laten, niet meer afhankelijk van onze partner, maar puur vanuit de diepte van ons eigen wezen. Dit is de uitdaging van iedere heilige relatie: jezelf tot liefde maken, liefde zijn, in iedere situatie. Snap je nu waarom relaties pijn doen? Omdat ze je de plekken in je ziel tonen die nog niet verlicht zijn, die nog schuren en aandacht behoeven. Als je eenmaal de grootsheid van de liefde die je bent ervaren hebt, zul je zien dat al het andere er bij in het niet valt. Je eigen kleinheidsdenken sterft een nobele dood door de acceptatie van de liefde. Ben je bereid te sterven en een baken van licht en liefde te worden? Dit is de vraag die ik je meegeef. Antwoord niet direct, maar laat de vraag in je binnenste rusten, tot op een dag het antwoord verschijnt en je hart in vuur en vlam zet.

Wat gij niet wilt...

'Wat gij niet wilt dat u geschiedt, doet dat ook een ander niet,' is niet zozeer een nobele raad die ook in relaties geldt, maar eerder nog een karmische wet. Karma betekent de wet van oorzaak en gevolg: datgene wat je een ander aandoet, komt automatisch weer bij je terug. In opeenvolgende relaties is dat soms zeer duidelijk waar te nemen: ga je in de ene relatie vreemd, dan gaat in de volgende relatie je partner vreemd. Kun je in de ene relatie niet voor 100% kiezen, dan zal in de volgende relatie je partner niet voor de volle 100% voor jou kunnen kiezen. Ben je in de ene relatie de dominante partij en is je partner volgzaam, zo kan in de volgende relatie je partner dominant zijn en jij de ondergeschikte.
Neem de proef op de som: denk aan een eigenschap, gebeurtenis of aspect van je huidige relatie waar je niet happy mee bent. Besef welke gevoelens en emoties dat oproept. Bedenk welke rol jij en welke rol je partner in dit geheel spelen. En ga vervolgens na of je in een eerdere relatie niet precies hetzelfde bent tegengekomen, maar dan in omgekeerde vorm. Tien tegen een dat je de situatie herkent.
Karma wil niet zeggen dat je gestraft wordt. Een soort spirituele oog om oog, tand om tand. Het zorgt er louter voor dat je in iedere situatie beide kanten van het verhaal mag ervaren, zodat het je tot inzicht leidt. Door de andere kant te doorvoelen weet je bijvoorbeeld wat je partner heeft meegemaakt toen jij hem of haar iets aandeed. Dit is niet goed of fout, maar bedoeld om je te helpen een hogere weg naar meer liefde en meer compassie te kiezen. Het stelt je tevens in staat om je partner of jezelf te vergeven voor wat je hebt gedaan. We zijn allemaal een keer de bruut geweest, of

de overspelige, het slachtoffer, de volgzame, de verleider, degene die verraden is. Door al deze aspecten van liefdesrelaties te doorleven zijn we steeds beter in staat om te kiezen voor heilige relaties. We worden 'heler' en zullen in iedere situatie in staat zijn om een reactie van liefde en vergeving te kiezen. Dit is het uiteindelijk doel van relaties: om ons te leren wat liefde is en daar bewust voor te kiezen. Zo vaak zullen we echter struikelen en de andere verwensen, veroordelen en verraden, omdat datgene wat hij of zij ons aandoet ons pijn doet. We ervaren de tekortkomingen van onszelf en van de ander. Maar het is cruciaal dat we daarin steeds milder worden. Dat we de waarheid niet wegpoetsen, verzachten of verdraaien, maar haar met mededogen en vergeving kunnen aanschouwen.

Pijn dragen voor een ander

Uit liefde kunnen we de pijn van anderen een tijdje dragen. Vele healingtechnieken zijn gebaseerd op deze uitwisseling van energie. Sjamanistische tradities geven inzicht in het omgaan met verborgen of destructieve energieën van andere mensen en in de manier om ze te neutraliseren of transformeren. Het laatste deel van de healing bestaat uit vergeven: de energie teruggeven in haar liefdevolle, creatieve vorm. Dit kan worden gedaan in relaties, of in familieverbanden. Maar als de persoon die de energie van anderen draagt deze niet meer kwijt kan, kan dat resulteren in totale verwarring en zelfs ziekte. De drager kan de energie van iemand anders niet oplossen, omdat de spirituele les van de ziekte, de pijn of de negativiteit niet van hem of haar is. Elkaars energie overnemen is een natuurlijk proces. Maar als het een gewoonte wordt of onbewust gebeurt, kan het veel verwarring en emotionele chaos tot gevolg hebben.

Familiepatronen

Wat tussen mannen en vrouwen gebeurt, vindt ook plaats tussen ouders en kinderen, waarbij de kinderen de pijn van de ouders overnemen. De kinderen nemen deze pijn over uit liefde, uit angst of uit overlevingsdrang. Wanneer deze pijn niet ontladen kan worden, zullen ze er uiting aan geven in hun levens, zonder dat ze bewust zijn waarom ze de last dragen van pijn, ziekte, tegenslag of disbalans. Deze familiepatronen kunnen worden doorgegeven door vele generaties, zolang er niemand is die bewust dit proces kan stoppen en de pijn werkelijk doorvoelt. Dit wordt een familievloek genoemd, wat betekent dat de spirituele les van de oudere generatie of generaties wordt doorgeschoven naar een jongere generatie. Dit proces van ontkenning kan alleen worden gestopt door bewust te voelen en los te laten.

Healing

Healing betekent: jouw deel van de puzzel delen in het grotere geheel, zodat het zijn juiste plaats kan krijgen. De meeste problemen die we namelijk ondervinden zijn niet van onszelf. We dragen ze, maar ze behoren ons niet toe. Als we ze delen met anderen en daardoor teruggeven aan het collectieve veld, kunnen ze hun weg terugvinden naar de plaats waar ze thuishoren en daardoor opgelost worden. Ons ego houdt echter van afscheiding. De oorsprong van het ego is afgescheidenheid, dus je zou kunnen zeggen: ego is afgescheidenheid. Het liefkoost zijn problemen. Net zoals het ego zegt: 'Dit is *mijn* auto, *mijn* huis, *mijn* geld', zegt het: 'Dit is *mijn* probleem'. Maar we kunnen geen verantwoordelijkheid dragen voor onze problemen als ze niet van ons zijn. We hebben echter wel de verantwoordelijkheid onze problemen te delen, zodat ze weer deel worden van het collectief. Ons probleem is voor iemand anders de oplossing. Als we ons deel van de puzzel inbrengen, kan de heelwording plaatsvinden; we zijn in staat het hele plaatje te zien. Dit gaat zowel op voor individuen in een groep, als voor groepen binnen een organisatie of land, en voor landen en culturen binnen de wereldgemeenschap.

LIEFDESLES 28

Overgave

Als je vast zit, en niet weet wat te doen, omdat je heen en weer wordt geslingerd door de gedachtes in je hoofd of door sterke tegengestelde emoties, zit dan stil. Voel alle polariteiten in jezelf, van verlangen en angst, van pijn en geluk, van hoofd en hart, en laat alles naast elkaar bestaan. Denkend of voelend kom je er niet uit. Het vraagt een integratie op een dieper niveau van zijn, waarin de beide polen zich kunnen oplossen en transformeren. Vraag om hulp en overgave aan een hogere waarheid, zodat alle dualiteit in jezelf getransformeerd kan worden. Probeer jezelf niet te therapeutiseren, of de situatie op te lossen. Laat de dualiteit in al zijn onmogelijkheid en pijnlijke tegengesteldheid bestaan zonder dat je zoekt naar een uitweg, en roep de krachten aan van liefde en wijsheid: de energie van Christus en Maria Magdalena, en geef je over aan hun leiding. Zij geven je een uitweg die je diepste verlangen en grootste wens te boven gaat. Dit is de weg van de Goddelijke liefde en overgave, die je meeneemt op een avontuur dat je stoutste dromen te boven gaat.

Volg je plezier

Door je open te stellen begint het proces van verlossing. Niet vanuit moeten, maar vanuit plezier. Volg altijd de stroom van het hart. Hierdoor word je wakker en kom je in een hogere energie. Door die hoge energie wordt het probleem in een nieuw licht geplaatst. Probeer niet het kwade op te lossen, maar het plezier te volgen. Dat brengt je veel verder.

LIEFDESLES 30

Wees mild in relaties

Beschouw je liefdesleven met mildheid en liefde, en sta jezelf toe fouten te maken en te ontdekken. Daardoor groei je en kun je uiteindelijk betere keuzes maken die beter bij je passen. Zie het hele proces van sexuele ontwikkeling als een leerproces, zoals kinderen leren om te zwemmen bijvoorbeeld. Geniet van het water, zoals een dolfijn geniet van het water, maar weet ook dat het tijd kost om je zo thuis te voelen in de zee als een dolfijn. Neem kleine stapjes, maar beschuldig jezelf en je partner er niet van als een van beiden een misstap begaat. Er is zoveel leed en pijn door de veroordeling van jezelf of van je partner over de misstappen die begaan worden. Soms blijven deze veroordelingen generaties hangen als een vloek van boosheid en wrok. Word opnieuw als een kind, speel en ontdek, en vergeef de pijn of het verdriet dat je eerder door anderen is aangedaan. Door in je relatie je verlangen naar eenheid centraal te stellen en je verbinding met het Goddelijke in je leven, je liefde en je sexualiteit vorm te geven, kom je steeds dichter bij je Goddelijke wezenskern; God gelijk. Schepper en schepping van jezelf, in een oneindige speeltuin van mogelijkheden waar uiteindelijk alleen liefde de graadmeter is van de schoonheid van je creatie.

Vertrouwen

Het grootste obstakel voor menselijke ontwikkeling is het idee dat we moeten lijden om te groeien. Door dit hardnekkige geloof denken mensen dat het leven hard is. Ze kunnen niet vanuit hun hart leven. De geest zegt dat je moet afzien en je zelf moet kwellen om vooruit te komen. Maar als je je hart volgt, zou het leven zoveel eenvoudiger zijn. Alles zou op het juist ogenblik tot je komen in overeenstemming met de Goddelijke Wil. Maar sinds de mens zijn verbinding met de Goddelijke Wil verloren heeft, waardoor zijn bewustzijn beperkt is, denkt de mens dat hij veel moet doen en presteren om te overleven. Dit is geenszins het geval, maar de gedachte aan lijden is zo sterk dat-ie moeilijk te veranderen is. Het vraagt heel veel vertrouwen om je te openen voor Goddelijke ingevingen en het oude dogma van lijden los te laten.

De weg van het hart

De weg van het hart is onhoorbaar, onzichtbaar, maar toch onmiskenbaar. Je kunt de weg niet leren uit boeken, noch bestuderen in religies, of door regels of dogma's te volgen, je kunt de weg alleen vinden door de stem van je eigen hart te volgen. Je wordt uitgenodigd om de stem van je hart te laten klinken in de wereld. Doe niets wat niet uit je hart voortkomt. Zeg niets wat niet uit je hart voortkomt. Beslis niets wat niet uit je hart voortkomt. Iedere ontmoeting, iedere gebeurtenis is een mogelijkheid om het hart te laten spreken. Laat je hart het kompas zijn dat je weg verlicht, bij iedere stap. Het hart is overal, in iedere steen, in ieder mens, in iedere ontmoeting. Volg het hart, zoals duizenden vóór jou dezelfde weg hebben afgelegd. Mannen en vrouwen die dezelfde roep van het hart hebben gehoord. Mannen en vrouwen met hun angsten, hun twijfels, hun eigen-aardigheden. Ondanks alles volgden ze de weg van het hart. In stilte, onhoorbaar, onzichtbaar, maar toch onmiskenbaar.

Je eigen grootsheid

De mensen zijn bang voor hun werkelijke kracht. De kracht roept angst op. Duw de angst niet weg. Door verbinding te maken met je angst kom je dichter bij je kracht. Die zit er als het ware achter of onder, zo je wilt.
Dit is je uitdaging: om volledig je eigen grootsheid te gaan accepteren en je daar niet meer tegen te verzetten. Je hoeft je niet meer af te vragen waar dat vandaan komt. Want het komt niet naar je toe van buitenaf. Grootsheid ontbloeit in jezelf. Dat is de kracht die je hebt: je bent het grootste, je bent het Goddelijke. En in dat Goddelijke zul je ook weer je kleinheid ervaren. Het is de kunst om die beiden in jezelf te verenigen.
Door eerst de wond in jezelf te helen en met die energie hier te zijn heel je als het ware heel de aarde. Maar ook hier geldt: het grootse wordt geheeld door het heel kleine. De kleine stap die jij kunt maken, draagt bij aan een enorme wereldverandering. Die kleine stap betekent voor jezelf een megastap. Want het betekent het loslaten van wie je bent, loslaten van je eigen beperkingen, loslaten van je eigen beperkte ideeën over wie jij denkt te zijn. Je bent veel meer. Accepteer het. Er is niks anders.

LIEFDESLES 34

Belofte

Er is een belofte aan de mensheid gegeven; de belofte van het volledige mens-zijn, die aan het einde der tijden zijn vervulling zal vinden. Na de periode van duisternis, het Kali yuga, het tijdperk van de grootste materiële verlangens en zelfzuchtig genot, zal de mens zich oprichten en terugkeren naar het Licht, dat in hemzelf besloten ligt. Eeuwenlang heeft het daar gesluimerd, als een stille hoop, een zaadje, een nog ongeboren kind. Het is de verwachting van het Christuskind zoals dat in de loop van de generaties is doorgegeven, in allerlei verhalen, religies en symbolen. Het is de verrijzenis na de dood. Het is de wederopstanding van de Christus in ieder mens. Het is de phoenix die na een lange periode uit zijn as herrijst. Deze herinnering en belofte is in ieders hart gegraveerd. Het is het verhaal van de terugkeer van de koning, of koningin zo je wilt. Wacht niet langer, het moment is gekomen om de sluiers op te heffen. Niets is onmogelijk.

LIEFDESLES 35

Verwisseling van rol

De energieën van man en vrouw zullen van rol verwisselen. De afgelopen duizenden jaren heeft het mannelijke zich voornamelijk in de twee elementen lucht en aarde gemanifesteerd. Aarde en lucht staan voor het denken en het doen. Nu gaat het mannelijke zich meer manifesteren in de hartstocht en de liefde - het vuur - en het stromende, het intuïtieve, het gevoelsmatige: het water. Er zal een nieuw soort man komen, net zoals er een nieuw soort vrouw komt. Vrouwen zullen zich meer bezig gaan houden met de naar buiten gerichte aardse energie. Waar ze voorheen naar binnen gericht waren op het huiselijke, zullen ze zich nu meer en meer bezighouden met het wereldse en zich richten op het opbouwen van een andere wereld. Zij zullen hierin een voortouw nemen. Tegelijkertijd zullen ze de energie van lucht erbij gebruiken: het sturen, het denken, het strategisch bepalen van de toekomst.

Het mannelijke wordt speelser, beweeglijker en krijgt een heel andere dimensie, maar zoals altijd blijven mannelijke en vrouwelijke energie elkaar aanvullen. Het is een kosmische dans die plaatsvindt en nooit stopt. Door de eeuwen heen zijn de twee tegenpolen in verbinding met elkaar en wisselen elkaar af als in een soort paringsdans, van waaruit de schepping zich ontrolt. Ieder moment, iedere seconde. Op bepaalde plekken op aarde kun je sterke mannelijke en vrouwelijke energie ervaren.

Gelijkwaardigheid

Mannelijk en vrouwelijk zijn elkaar gelijk: niet hetzelfde, maar wel evenwaardig, en complementair. Zoals Salomo en Sheba evenwaardig waren, of Akhnaton en Nefertiti, of Jezus en Maria Magdalena. Door de eeuwen heen is getracht het een boven het ander te verheffen, maar deze onevenwaardigheid levert altijd verdriet en lijden op. Pas als het mannelijke en het vrouwelijke aan elkaar gewaagd zijn en elkander eren, kan het Christuskind geboren worden. Daarom is er in deze tijd behoefte aan de herwaardering van het vrouwelijke en een herbezinning op de waarden van het mannelijke. Beiden kunnen elkaar helpen om te helen en in een gezonde balans met elkaar te verkeren.

LIEFDESLES 37

Wakker kussen van het vrouwelijke

Het mannelijke is een heilige, Goddelijke energie die van oorsprong beschermend en helend heeft gewerkt. Maar het mannelijke is doorgeschoten in zijn arrogantie, waardoor het zijn waarde heeft verloren. Daardoor heeft het ook zijn aarding verloren. Het is los komen te staan van moeder aarde en in de lucht komen te zweven. Het mannelijke is de verbinding met het vrouwelijke verloren. Naast bescherming en ondersteuning heeft het mannelijke nog een heel belangrijke, maar vaak vergeten functie ten opzichte van het vrouwelijke: het mannelijke kan het vrouwelijke als het ware wakker kussen. Als het vrouwelijke in slaap is, is het mannelijke de enige kracht die opnieuw die vrouwelijkheid kan wakker maken.

LIEFDESLES 38

De uitdaging

Ieder van ons is een afspiegeling van de Goddelijke vonk die in ons leeft en zich wil uitdrukken in de wereld. Vaak raken we echter zo verstrengeld in de wereld en raken we zo geobsedeerd door alles wat zich om ons heen bevindt, dat we de oorspronkelijke vonk vergeten. We zijn steeds meer bezig met de dingen buiten ons: relaties, gezin, huwelijk, werk, bestemming, geld verdienen en zorgen. Daardoor kom je uiteindelijk in de wervelstorm terecht die om het stille centrum heen beweegt. Hoe verder je wegraakt van het centrum, hoe harder het draait. De uitdaging is om je niet te laten meeslepen door de wereld om je heen, maar om terug te keren naar het middelpunt, en vanuit stilte en innerlijke vrede te handelen.

LIEFDESLES 39

Jaloezie en vrijheid

Je kunt de liefde niet bezitten. Ze is een geschenk, net als je geliefde. Je partner is niet van jou, maar van zichzelf. Omdat de liefde zo kostbaar is, willen we haar het liefst vasthouden, in bezit nemen, koesteren, maar daarmee raken we haar juist kwijt. De roos van liefde bloeit slechts bij gratie van ultieme vrijheid. Probeer je partner nooit aan je te binden, hoe subtiel of open ook. Laat haar/hem haar/zijn eigen keuzes maken en draag je eigen onmacht. Liefde groeit niet bij de gratie van macht in een relatie, maar bij de gratie van vrijheid. Vaak spelen we een spel van macht en onmacht, van vasthouden en openbreken, van aantrekken en afstoten, waardoor we in de dans van de dualiteit verstrikt raken. We kunnen elkaar nooit echt bereiken. Door elkaar de vrijheid te gunnen en daarmee de strijd om de macht op te geven, kun je de liefde weer als geschenk aannemen, dat uit vrije wil gegeven wordt. Dit wordt verbeeld in het sprookje van 'Belle en het Beest', waarin het beest zijn aanspraak op Belle moet opgeven, zodat ze werkelijk voor hem kan kiezen. Daardoor wordt hij weer mens, en verliest de vloek haar kracht waardoor hij een beest werd.

Iedere man, en wellicht iedere vrouw, kent dit beest. Allemaal willen we de ander aan ons binden, omdat we onze eigen schoonheid niet kunnen zien. We zien haar weerspiegeld in de ander, en willen de ander opsluiten in het kasteel van ons onvermogen en onze eigen blindheid. Het beest heeft alle spiegels in zijn kasteel laten blinderen, omdat hij zijn eigen schaduw niet wil zien. Als we onze ware aard, maar ook onze eigen schaduwkanten niet onder ogen durven zien, blijven we een beest. Dat uit zich in aanvallen van jaloezie, woede, frustratie en gevoelens van onmacht. Pas door ons verlies toe te geven, en bereid te zijn te sterven aan de liefde, transformeren we naar de prins(es) die we in essentie zijn. Het vergt onze bereidheid om de aanspraken op de ander los te laten, en onze eigen pijn te gaan dragen. In feite geeft de liefde van de ander ons de mogelijkheid om deze pijn onder ogen te zien en te transformeren.

De geheime reis

Een man kan zijn geliefde meenemen op een geheime reis. Het is een archetypisch gebaar, dat de vrouw helpt om zich over te geven aan het mannelijke. Zij moet hem volgen op zijn pad. Dit wordt gewoonlijk gedaan tijdens de honeymoon, maar ook later in de relatie kan het een krachtig middel zijn om de liefde tussen twee partners te verstevigen. De man bereidt alles voor: de bestemming, de bagage, de reis, de financiering en als het nodig is, een oplossing voor de kinderen. Speciale aandacht is nodig voor het comfort. Het is geen survival-reis noch is het een reis om de interesses van een van beide partners te vervullen. De bestemming kan neutraal zijn, maar liefst comfortabel en zonnig. De man organiseert de reis in het geheim en zorgt ervoor dat zijn geliefde geen afspraken heeft gedurende de afgesproken tijd. De reis kan drie of meer dagen duren. Het is een cadeau van hem aan haar en verstevigt haar vertrouwen in hem dat hij voor haar kan zorgen.

Man-zijn
Ik ben trots op mijn mannelijkheid en mijn prachtige lichaam. Ik mag de angst loslaten dat ik niet goed genoeg ben. Ik weet dat ik mijn partner sexueel helemaal kan vervullen, en dat ik precies de man ben die ze zoekt. Ik vertrouw op mijn sensualiteit en integriteit, op mijn kracht en liefde, die zo totaal zijn, dat ik al mijn angsten en zorgen kan loslaten. Ik hoef ze niet langer te koesteren en zie steeds beter dat ze illusies zijn die mij weghouden van mijn volle licht en kracht.
Ik houd van mijn lichaam en van mijn sexualiteit. Ik houd van mijn lingam en vind het het prachtigste juweel dat er is. Ik houd van mijn sperma. Het is een Goddelijk geschenk en het lekkerste wat er is. Ik ben een prachtige, sensuele man.

Vrouw-zijn
Ik houd van mijn vrouwelijkheid en van mijn prachtige sensuele lichaam. Ik houd van mijn borsten en yoni. Ze zijn de mooiste geschenken die er zijn en ik eer ze iedere dag voor hun schoonheid. Ze passen bij mij.
Ik ben trots op mijn vrouwelijkheid en sensualiteit. Ik mag de angst loslaten dat ik niet goed genoeg ben. Ik weet dat ik mijn partner sexueel helemaal kan vervullen, en dat ik precies de vrouw ben die hij zoekt. Ik vertrouw op mijn sensualiteit en integriteit, op mijn kracht en liefde, die zo totaal zijn, dat ik al mijn angsten en zorgen kan loslaten. Ik hoef ze niet langer te koesteren en zie steeds beter dat ze illusies zijn die mij tegenhouden om in mijn volle licht en kracht te staan. Ik ben een prachtige, sensuele vrouw.

Van angst naar vertrouwen
Ik ben bereid al mijn angsten en oordelen los te laten. Ik ben bereid de angst dat ik niet goed genoeg ben los te laten. Ik ben bereid de angst om verraden te worden los te laten. Ik ben bereid de angst om gekwetst te worden los te laten. Alles wat

me overkomt dient mijn groei en ik weet dat ik niet meer hoef te groeien door te lijden. Ik laat mijn verslaving aan pijn los. Ik ben een stralend wezen en ik voel dat ik steeds meer in mijn licht en kracht kom. Ik vertrouw mezelf en weet dat ik geliefd ben. Er is niets meer wat me nog weerhoudt om volledig mezelf te zijn: stralend, liefdevol, sensueel, krachtig en vol vertrouwen in het leven en in mijn sexualiteit en relaties.

Sexuele overgave

Ik ben bereid de angst dat ik niet goed genoeg ben in bed los te laten. Ik ben bereid de angst dat ik sexueel niet voldoe aan mijn partner los te laten.

Ik ben trots op mijn sensuele lichaam en op mijn sexualiteit. Ik houd van mijn lingam/yoni en weet dat ik mijn lichaam totaal kan vertrouwen. Het geeft mij en mijn geliefde oneindig veel genot. Ik ben niet bang meer om me volledig over te geven aan sexueel genot en erotisch genoegen. Ik laat me helemaal gaan in bed en vertrouw mijn partner. We zijn perfect geschapen voor elkaar en ik vind het heerlijk om me aan hem/haar over te geven.

Ik ben niet bang mijn geliefde kwijt te raken. Ik durf me blindelings aan hem/haar over te geven. Hoe meer ik me sexueel geef, hoe meer ik totaal vertrouw in onze liefde.

HOOFDSTUK 4. HEILIGE SEXUALITEIT

Zoals het vorige hoofdstuk de leer beschrijft van wat ze in India bhakti yoga noemen, - de weg van de toewijding - zo wordt in dit hoofdstuk de weg van de tantra beschreven. Het is een combinatie van inzichten en praktische oefeningen om tot dieper genot te komen en sexualiteit en spiritueel ontwaken samen te laten komen.
Het beoefenen van tantrische sexualiteit bestaat uit drie delen: kennis, toewijding en praktische oefeningen. Kennis is de oefening van de geest, toewijding is de oefening van het hart en praktische oefeningen zijn bedoeld om het lichaam en de ziel te ontwikkelen. Wanneer alle drie in samenhang ontwikkeld worden, kan de essentie van liefde diep tot de ziel doordringen en bereik je een staat van gelukzaligheid en eeuwige jeugd.

Eva Pierrakos, de vrouw die talloze boodschappen doorkreeg en daarmee de spirituele leer van het Padwerk gestalte gaf, schrijft in 'The Pulsation of Life':
'Een werkelijk vrij menselijk wezen met geen of weinig blokkades of frustraties, iemand die geen negativiteit koestert, niet verwrongen is, is tot een hoge graad van genot in staat omdat de energie van de fijnstoffelijke lichamen het oppervlakkige lichaam doordringt. Pas als men een hoge graad van gelukzaligheid ervaart, zal de betreffende persoon ten diepste weten dat menselijk genot hetzelfde is als de kosmische staat van gelukzaligheid, dat die twee niet elkaars tegengestelde zijn maar één en hetzelfde. Waarachtig genot is intens vleselijk en intens spiritueel. Er is geen scheiding tussen de vleselijke en de spirituele staat. De ultieme staat van bevrijding, van kosmisch zijn, is totaal genot. De ultieme werkelijkheid is genot.

Gelukzaligheid is de natuurlijke staat van zijn van een heel wezen dat in harmonie is met zichzelf en het universum. Die zijnstoestand is jullie geboorterecht, vrienden, en jullie verlangen ernaar is de meest wezenlijke en gezonde aandrang in jullie.
Genot is een staat waarin je hele wezen vibreert en je harteklop in onverdeelde harmonie is met zichzelf en het universum en vandaaruit met een ander menselijk wezen. Je bent dan heel en er is geen twijfel over de juistheid van die gelukzaligheid, die verder geen rechtvaardiging behoeft. Je voelt geen schuld of aarzeling, integendeel: je zult ten diepste voelen dat hoe groter jouw extase, genot en vreugde, des te groter jouw bijdrage aan de wereld.'

Van klaarkomen naar de liefde bedrijven

Omdat we als mannen in onze puberteit niet sexueel zijn ingewijd, hebben we maar één doel: klaarkomen. Zo veel en zo vaak mogelijk. We trekken onszelf af, denken aan onze favoriete fantasie, en spuiten ons zaad in een sok of een washand en later in onze partner. Als puber doen we het stiekem, we schamen ons ervoor en genieten ervan, van dit wonderlijke en intense gevoel, het kortstondige hoogtepunt van gelukzaligheid, waarbij een stoot endorfine in onze hersenen vrijkomt, we kunnen ontspannen en in slaap vallen. Als we jong zijn, kunnen we het diverse keren per dag doen omdat de hoeveelheid zaad nog onbeperkt is. Iedere borst, bil of vrouwelijke ronding trekt onze aandacht en doet ons verlangen naar het zoete geluk. Klaarkomen heeft een heerlijk en gezond effect op ons. We beginnen ons lichaam te waarderen en voelen dat we man zijn. Maar dat is eigenlijk pas het begin van wat ik heilige sexualiteit noem. Het is goedkope sex, maar we weten nog niet wat het is om de liefde te bedrijven. Dat leren we pas later in de liefde met een partner met vallen en opstaan. Maar eigenlijk ontbreekt het ons aan een heldere en spirituele benadering van sexualiteit. Als we wisten hoe we van het erotische paradijs in zijn volle omvang konden genieten, zouden we zeker alle moeite doen om er te komen, maar er zijn weinig voorbeelden of inwijders die ons erover kunnen vertellen. We leven in een sexuele jungle of woestenij, ondanks de sexuele revolutie in de jaren zestig. Vaak is de sexuele daad niet meer dan een manier om elkaar wederzijds te bevredigen. We fantaseren ons naar een hoogtepunt, en klaar is kees. Daarnaast kunnen we alles zien en beleven op internet, tot en met de meest perverse en dierlijke vormen van pornografie, maar nog steeds weten we niet hoe we lust en liefde kunnen verenigen. Dat vergt als het ware het pad en de training van een yogi of yogini: een man of vrouw die zijn lichaam kent, die het pad van energetische zuivering en spirituele ontwikkeling beoefent, en die - zoals de Indiërs het noemen - de weg van de bhakti yoga beoefent: de devotie van het hart voor het Goddelijke. Het is deze hartskwaliteit die voor mannen van groot belang is. Waar bij vrouwen de essentiële kracht in haar yoni en baarmoeder huist, zo huist de essentiële kracht van de man in zijn hart. De fundamentele kwaliteiten van een vrouw zijn haar kracht en wijsheid, van de man is het mededogen en liefde. Als een man zijn hart kan openen, verandert de wereld. En daarmee zijn blik op vrouwen. Hij zal een vrouw niet langer zien als een gevaar dat getemd moet worden, als lustobject, als een onbereikbare Godin of boze moeder, maar hij kan zich vanuit zijn hart verbinden met zijn geliefde. Bij een man is het hart de ontvangende pool. Door zich te oefenen in deze actieve ontvankelijkheid voor het bestaan is hij in staat steeds grotere hoeveelheden liefde op te nemen en uit te stralen. Het hart werkt als een poort en stelt hem in staat om uiteindelijk de hele wereld te omarmen. Het haalt hem uit zijn hoofd en uit de begeertes van zijn bekken waardoor al zijn energie zich opent in ontvankelijkheid en mededogen. Zijn lingam is de gevende, penetrerende energie.

Daarmee kan hij tijdens het vrijen de vrouw tot steeds grotere vormen van overgave brengen, als zij in staat is deze mannelijke kracht te ontvangen.

Bij vrouwen is de yoni de ontvangende kracht. Met haar vulva en haar baarmoeder ontvangt zij de energie van haar geliefde, maar tevens van de hele wereld. De vrouw draagt de pijn en de smarten van de wereld in haar baarmoeder. Door de baarmoeder te eren is ze in staat haar sexualiteit opnieuw heilig - heel - te maken. Daardoor kan ze ongeremd de energie van een man ontvangen. Vanuit haar hart geeft ze dezelfde energie weer terug aan haar partner.

Een vrouw wijdt een man in door haar genot. Door haar lichaam open te stellen voor de diepte van haar sensualiteit en emoties wordt ze een belichaming voor hem van de Godin. Ze wijdt hem in in de rijkdom en wijsheid van het Goddelijke vrouwelijke. Haar geslacht ontvangt zijn mannelijke opwinding. Zijn hart opent zich voor haar intimiteit en Goddelijkheid. Het is de taal van haar lichaam en de energie van de emoties die hem de weg wijzen in dit universum waar zijn geest niet bij kan. Hij dient zich over te geven aan de wereld van de ziel, waarin logica, ratio of gedachten geen toegang hebben. In de mate waarin de man zich kan overgeven aan de vrouw, en waarin de vrouw zich kan overgeven aan zichzelf en de man kan ontvangen, verdiept de sexuele en spirituele ervaring zich. Voor beiden is dit een helende gebeurtenis, omdat ze daardoor de essentie van hun man- en vrouwzijn omarmen en instinctief kunnen bevatten. Dit besef van diepe mannelijkheid en diepe vrouwelijkheid geeft inzicht in de twee oerkrachten waaruit het universum is opgebouwd en waaruit alle leven ontstaat. Door de ontkenning van deze energieën wordt het leven vlak, saai en destructief. Als beide energieën erkend en geëerd worden, kan men opnieuw de tuin der liefde betreden en wordt het paradijs, een toestand van verhoogd bewustzijn en verbinding met het Goddelijke, de mens opnieuw deelachtig.

Als zowel man als vrouw de energieën van liefde en lust door hun lichaam kunnen laten circuleren ontstaat uiteindelijk een orgastische stroom van liefde en bewustzijn. Het is in deze eenheidservaring dat het Goddelijke zich manifesteert in beide partners door een ultiem gevoel van eenwording en heelheid. Het gaat ver voorbij aan de snelle genoegens van vrijen, klaarkomen en slapen gaan, en bevredigt de ziel en het lichaam op diepere niveaus. Als we verliefd zijn, zullen we deze toestand soms spontaan bereiken, maar het vergt vaardigheid, zachte discipline en overgave om het liefdesspel tot een voortdurende oefening in liefde en innerlijke bevrijding te transformeren.

Om je te bekwamen in deze tantrische sexualiteit volgen hier de liefdeslessen die je helpen om je sensualiteit en genot te verhogen.

LIEFDESLES 41

Sex: goed of slecht?

Sexuele energie is in zichzelf noch goed noch slecht. Het is wat het is. Het is een van de meest krachtige levensenergieën in het menselijke lichaam, die hetzij gebruikt, onkend of misbruikt kan worden. Sexuele energie kan door toewijding aan de partner en aan het Goddelijke opwaarts gericht worden waardoor het leidt tot verlichting en bevrijding, of het kan door het ego neerwaarts gericht worden naar lust, obsessie en bezitsdrang.

Mannelijk – vrouwelijk

Er zijn twee tegengestelde krachten in tantrische sex: de mannelijke kracht en de vrouwelijke kracht. De mannelijke kracht is penetrerend, onderscheidend en begrenzend. Het mannelijke aspect maakt onderscheid tussen de juiste en de verkeerde handeling, tussen de juiste en de verkeerde partner en de juiste en verkeerde houding. Het mannelijke aspect creëert orde. De vrouwelijke kracht is ontvangend, inclusief en onbegrensd. Het vrouwelijke aspect omvat alle handelingen, alle houdingen, alle keuzes waarbinnen liefde, genot, heling, overgave en beweging kan ontstaan. Het onderscheidt niet tussen goed en slecht, maar ziet alles als een goddelijke manifestatie. Het vrouwelijke aspect creëert chaos.

Zowel de mannelijke als de vrouwelijke energie zijn nodig om een gezond sexueel leven te ontwikkelen. Als je te veel nadruk op de mannelijke energie legt, word je rigide, agressief en onderdrukkend. Als er te veel nadruk ligt op het vrouwelijke element, wordt alles een chaos. Er is geen ordening meer en de krachten van chaos kunnen leiden tot emoti-oneel drama, mentale perversie en fysieke bestialiteiten.

Toewijding aan de Godin

Nodig de Godin uit in je leven, in je relatie, in je verbeelding en op de momenten dat je de liefde bedrijft. Zie haar als een Godin van stralend wit licht, die je het ultieme genot van sexualiteit schenkt. Geef je over aan de lessen en aan het plezier dat ze je komt brengen. Creëer een intieme band met haar en laat haar deelgenoot zijn van je sexuele avonturen en ontdekkingen. Eer haar en wees dankbaar voor haar aanwezigheid in jezelf. Geef haar de leiding om je naar een leven met meer plezier, gezondheid en genot te brengen. Je kunt eveneens een altaar voor haar maken, met kaarsen, kristallen, posters, foto's van erotische vrouwen, beelden van de Godin of van tantrische paren. Bloemen en water zijn bij uitstek geschikt om te offeren aan de Godin van liefde en sexualiteit.

Geven en ontvangen

Door er voor iemand te zijn leer je om aanwezig te zijn in het moment. Door te geven leer je te ontvangen. Door een instrument te zijn voor het goddelijke word je uiteindelijk het goddelijke zelf. Door te eren, word je geëerd. Door lief te hebben, word je geliefd. Door geluk en sexueel genot te schenken, word je gelukkig en vol van genot. Door vrijheid te schenken, word je zelf vrij.

LIEFDESLES 45

De liefde is leidend

Bedrijf nooit de liefde als je niet verliefd bent of je hart niet open is voor de ander. De liefde bedrijven is een heilige daad. Ga niet vrijen uit plicht, uit angst, uit verveling, om je spanning kwijt te raken of uit gewoonte. Maak er een gebed van en bereid jezelf voor als je de tempel van de liefde binnengaat. Maak jezelf leeg en laat al je werk en bezigheden los. Maak je geest leeg van alle ontmoetingen met anderen. Maak jezelf geestelijk en emotioneel schoon. Bereid jezelf voor om het onbekende tegemoet te treden alsof je op avontuur gaat. Vaar nooit op datgene wat je al kent. De aanwezigheid van God/Godin leidt jullie in het ontdekken en het bedrijven van de liefde. Laat alle regels en verplichtingen achter je en geef je over aan de wijsheid die in je lichaam en ziel huist. Vertrouw erop dat je precies weet wat je moet doen en hoe je kunt voldoen aan de wensen van je partner. Wees volledig aanwezig voor hem of haar en eer hem/haar alsof ze God/Godin zelf is.

LIEFDESLES 46

Liefhebben is vertragen

Een van de oosterse meesters die de kennis over sexualiteit en liefde naar het Westen heeft gebracht is Osho, of Baghwan Shree Rasjneesh. Hij zegt: 'Het liefdesspel is iets wat als meditatie gedaan moet worden. Het is iets wat gekoesterd en heel langzaam ervaren moet worden, zodat je wezen er diep mee overgoten wordt en het zo'n overweldigende ervaring wordt dat je er niet langer bent.
Neem er de tijd voor om van elkaar te genieten. Speel met elkaars lichaam. Begin niet met vrijen tot het moment zich vanzelf aandient. Je begint niet uit jezelf, maar plotseling merk je dat je aan het vrijen bent. Daarop moet je wachten. Gebeurt het niet, dan is het niet nodig om het te forceren. Het is best zo: ga slapen, het is niet nodig om te vrijen. Wacht een, twee of drie dagen op dat moment. Op een dag komt het. En als het moment daar is, dan zal de liefde heel diep gaan. Het zal dan een heel, heel stil, oceanisch gevoel zijn. Maar wacht dat moment af, forceer het niet.'

LIEFDESLES 47

Het betreden van de tempel

Als je als man de yoni van een vrouw binnengaat, benader haar dan met het grootst mogelijke respect en de grootst mogelijke eerbied, alsof je het heiligdom van de Godin zelf binnentreedt. Dat betekent niet dat je afstandelijk of voorzichtig hoeft te zijn, maar dat je innerlijke gesteldheid er een is van eerbied en heiligheid. Een vrouw voelt deze aanwezige hartskwaliteit en zal zich nog meer kunnen openen en aan je geven. Verken haar zoals je als een kind vol bewondering naar een nacht met sterren kijkt, en je eigen nietigheid beseft. De yoni is de poort van leven waardoor iedereen op deze aarde komt. Haar te benaderen, te eren, te zoenen, te penetreren en te laten genieten is een van de meest heilige zaken, waarbij ultiem genot en spirituele extase samen kunnen gaan. Hoe meer de vrouw ervaart dat ze werkelijk, tot in haar essentie, geëerd en geliefd wordt, hoe meer ze zich zal kunnen openen naar het Goddelijke in de man, en hem tot haar zielenheiligdom toe zal kunnen laten.

Mannelijke aanwezigheid

De vrouw eert de man en zijn lingam door hem helemaal toe te laten. Door hem mee te nemen in haar genot en haar heilige intimiteit eert ze zijn kracht. Zo schenkt ze hem het vertrouwen om zijn mannelijkheid ten diepste en ten volle te ervaren, zonder dat hij hoeft te presteren, zich anders hoeft voor te doen of zich moet inhouden. In haar kan hij zijn grootsheid ervaren, zijn ongeremde kracht en liefdesenergie. Door haar openheid kan hij volledig aanwezig zijn en vice versa: door zijn volledige aanwezigheid vanuit zijn hart, zijn bekken en zijn zintuigen kan zij zich volledig geven. Voor de man is het de kunst om er volledig te zijn, in het moment met zijn geliefde. Zijn gedachten dienen zich niet te richten op fantasie of op zichzelf, noch op zijn genitaliën of op het moment van klaarkomen, maar hij dient volledig in zijn aandacht met zijn hart bij haar te zijn. Daarmee wordt hij de goddelijke minnaar die het mannelijke principe vertegenwoordigt: er zijn in volle aanwezigheid, in totale naaktheid en totale kracht. Dit is wat de lingam representeert: volledige aanwezigheid, volledige kracht en volledige kwetsbaarheid.

Vrouwelijke onafhankelijkheid

Als de vrouw zich te veel richt op de energie van de man, raakt ze de verbinding kwijt met haar eigen vrouwelijkheid en kan ze de man niet meer leiden. Ze vergeet haar rol en positie als inwijdster in het liefdesspel. Ze maakt zich ondergeschikt aan het mannelijke en doet zichzelf te kort. Het is een veel voorkomend probleem in patriarchale samenlevingen, waarin het mannelijke de boventoon voert. Maar juist op het gebied van intimiteit en sexualiteit zijn vrouwen de bewakers en hoedes van de tempel. Zij wijdt de man in en leidt hem in het heiligdom. Het is belangrijk dat ze dat dat doet vanuit respect, integriteit en liefde voor het proces van haar partner.

Om deze kennis over het vrouwelijke mysterie te vergaren is het cruciaal dat vrouwen onderling de kennis doorgeven en elkaar opleiden. Vrouwelijkheid is een mysterie dat alleen door vrouwen ten volle begrepen en gekend kan worden. Voor mannen is het genoeg om het mysterie te aanschouwen en ervan te proeven.

LIEFDESLES 50

Bewuste ademhaling

Als de lingam in de yoni is en jullie opgaan in hartstocht en passie, blijf dan tegelijkertijd bewust van je ademhaling en van je hartsenergie, zonder dat dit een mechanische oefening wordt. Adem is een belangrijk element van bewustzijn, net als de aandacht van het hart. Het vergt echter oefening om het uiteindelijk tot een spontane actie te laten ontwikkelen. Geef jezelf en elkaar de tijd om dit proces rustig te ontdekken en geniet van de weg, van het vallen en opstaan. Humor is een grote relativerende kracht in deze. Uiteindelijk is het meer een moment van genade waardoor dit heilige proces je ten deel valt en je het in dankbaarheid kunt aanvaarden. Tot die tijd kun je het alleen maar voorbereiden.

LIEFDESLES 51

Bewustzijn en energie

Er zijn twee krachten die samenkomen tijdens het liefdesspel en in iedere relatie: bewustzijn en energie. Energie is vrouwelijk, bewegend, grillig en onvoorspelbaar. Het is als water dat stroomt. Tijdens de liefdesdaad zijn we verbonden met deze levensenergie en hoe meer we ons aan haar over kunnen geven, hoe groter het genot. De andere kracht is bewustzijn, mannelijk, statisch, doelgericht en onthecht. Het is de kracht van reflectie, inzicht en spirituele ontwikkeling. Als deze twee krachten samenkomen tijdens het vrijen ontstaat heilige sexualiteit. Bewustzijn en energie vloeien samen in één kosmische dans van sexueel genot en spiritueel bewustzijn. Er ontstaat eenheidsbewustzijn, waarin het mannelijke en vrouwelijke een heilig huwelijk met elkaar aangaan. Het lichaam wordt de heilige graal en als het ware de smeltkroes van deze twee universele krachten. Energie wordt bewustzijn en vice versa: bewustzijn zet zich direct om in energie.

Soms blijven we op ons pad hangen in een van de twee. We richten ons louter op bewustzijn en negeren de energie, wat vooral tot uiting is gekomen in de vele religieuze stromingen, waarin vrouwelijkheid, sexualiteit en energie als iets dierlijks, negatiefs en gevaarlijks wordt gezien. Anderen verliezen zich totaal in de energie van genot, materie, lichamelijkheid en sex en vergeten het bewustzijn dat nodig is om ons te ontwikkelen. Het gaat uiteindelijk om de versmelting van beide, waardoor we tot volledig menszijn kunnen komen. In sex leidt dat tot het ultieme genot.

Als je je voorbereidt om met je partner de liefdesdaad te vervullen, luister dan in eerste instantie naar de energie. Het lichaam van beide partners geeft aan wanneer het moment gekomen is. Vrouwen zijn vaak beter in het luisteren naar de bereidheid van het lichaam om zich te openen en over te geven, en het is aan de man om te wachten op dit signaal. In die tijd kan de man zijn bewustzijn vergroten en afstemmen op zijn partner, op zijn hart en op God of Godin. Open je innerlijk voor de hogere krachten die zich door jullie liefdesspel willen manifesteren. Je hoeft niets te doen, alleen maar bewust aanwezig zijn. Dat is de kracht van het mannelijke. Zodra je partner, soms heel subtiel, aangeeft dat het moment daar is, laat je dan leiden door de energie van de vrouw, en geef je totaal over aan haar genot, terwijl je zelf stevig geankerd blijft in bewustzijn en aandacht geeft vanuit je hart. Je kunt haar masseren, haar strelen, haar voeten kussen, haar dijen en borsten, in het besef dat zij de representatie is van de Godin zelf. Zij zal de man moeten leiden in zijn lust en hem dieper meenemen in de energie van genot, zonder dat hij zich erin verliest en zijn lust botviert als zelfbevrediging. Hij moet met zijn aandacht bij haar blijven en zij dient hem te leiden. Daarmee schenkt ze hem van het grootste en kostbaarste van haar vrouwelijkheid, en door zijn overgave schenkt hij zijn hart en ziel aan zijn partner. De kunst is om je helemaal te geven, en zodra je daar nog niet toe in staat bent, om te wachten, te rusten, te doorvoelen en een proces van heling en diepere verbinding en bewustzijn toe te staan. Zodra de energie weer aangeeft dat jullie naar een niveau dieper kunnen, volg je weer de passie en hartstocht die je verder leidt naar de ultieme eenwording. Stel als man zolang mogelijk een orgasme uit, en liefst helemaal, omdat dit je energie in een keer teniet doet, en tevens je bewustzijn zoveel doet verminderen dat je alleen nog maar wilt slapen. Door de continue opwinding en alertheid vergroot je bewustzijn zich en betreed je steeds diepere niveaus van spirituele gewaarwording. Je vrouw is de poort waardoor deze kosmische energie zich openbaart. Je wordt

als het ware de kosmische lover en vertegenwoordigt het Goddelijke mannelijke in je aanwezig-zijn.
Voor de vrouw is het de liefde en bewustzijn van de man waardoor ze zich in haar grootsheid en volle schoonheid kan ervaren en tonen. Ze wordt gezien voor wie ze werkelijk is: een belichaming van het Goddelijke vrouwelijke.

De kunst voor de man is om zich op dit terrein te laten leiden en zijn hoofd te buigen. Zijn ego, angst of begeerte mag niet de baas zijn. Als dat wel het geval is, kan de vrouw zich niet dieper openen. Hij mag zich volledig geven, maar op uitnodiging van de vrouw. Zij stuurt hem door haar energie, zodat hij tot actie kan overgaan. Zijn taak is het om volledig aanwezig te zijn met zijn hart, en zijn aandacht bij zijn partner te houden en bij het liefdesspel, zodat zij zich over kan geven aan de energie van de liefde.

Sexuele fantasieën

Soms lijkt het alsof sexualiteit je naar beneden trekt, je zondig maakt, je schunnige gedachten laat hebben, verlangens naar situaties die helemaal niet kunnen of mogen, maar laat me je dit zeggen: het zijn niet die verlangens die de verstoring geven, maar je gedachten daarover; de veroordeling van je oorspronkelijke verlangens en begeerten. We willen daarmee niet zeggen dat je alles moet doen wat je begeert, maar je hoeft de fantasie of begeerte op zichzelf niet te veroordelen, omdat je daarmee je diepere gevoel voor schepping veroordeelt. Geef je over aan je sexuele fantasieën en laat je denken van goed of kwaad erover los. Het gaat erom dat je door de ervaring tot een steeds diepere waardering en groter vermogen tot liefdevolle creatie komt. Zonder oefening kom je niet bij een dergelijk Goddelijk vermogen.

Het beheersen van de zaadlozing

Een van de belangrijkste aspecten van heilige sexualiteit is dat de man zijn zaadlozing kan beheersen, zodat het liefdesspel niet voortijdig eindigt. Er zijn allerlei technieken voor, onder andere het dichthouden van de zaadbuis voor het klaarkomen, maar het worden nogal snel technische ingrepen. Het belangrijkste is dat we onze verslaving aan klaarkomen kunnen loslaten. Vrij met jezelf of met je partner totdat je bijna bij het hoogtepunt bent en laat het dan weer los. Oefen jezelf erin om steeds langer zonder zaadlozing te kunnen vrijen. Je bouwt dan een energetische kracht op in je lichaam, die je op vele manieren kunt gebruiken, niet alleen tijdens sex. De hoge energetische frequentie van zaad kan, als je het in je lichaam houdt, ook goed gebruikt worden tijdens healing. Door eerst meerdere dagen, dan meerdere weken zonder zaadlozing te leven, wordt je lichaam sterker en je energie krachtiger. Het aantal dagen of weken dat je niet klaarkomt hangt af van de leeftijd van de man.
Sperma bevat vele kostbare proteïnen en andere waardevolle stoffen voor het lichaam, inclusief hormonen. Als je te vaak je zaad loost, daalt je scheppende en mannelijke energie, wat zorgt voor sexuele problemen en een gebrek aan aanwezigheid. Het bewaren van je sperma moet je echter niet doen uit angst of uit onderdrukking, maar vanuit spontaniteit en liefdevolle discipline. Een keer per week klaarkomen is het maximum, maar nog beter is het om een keer in de twee of drie weken klaar te komen. Dit betekent niet dat je geen sex hebt, integendeel. Een man die zijn zaad kan inhouden, vergroot zijn sexuele vermogen en sensueel plezier vele malen. Heb zo vaak sex als je wilt, maar zonder zaadlozing.

Breng de energie van je sexuele genot naar je hart en je hoofd, waar het kan uitgroeien tot wijsheid, gelukzaligheid en spirituele rijkdom. Het betekent niet dat je de impulsen van je lichaam fanatiek moet onderdrukken. Ook hier is zachte discipline het devies. Oefen jezelf zonder dwang, en áls je klaarkomt, geniet ervan... :-)

De slaapkamer als tempel

Maak van je slaapkamer een tempel. Haal alle rommel, overbodige dingen en alle schoenen weg. Schoenen horen niet in een tempel, noch slippers. Loop blootsvoets in je slaapkamer. Verwijder eveneens computers, papieren, foto's van kinderen of familie, ouders, alles wat niets te maken heeft met slapen of met het bedrijven van de liefde. De uitzondering is een tafel en een spiegel voor de vrouw om zichzelf mooi te maken, maar zelfs dit kan beter op een andere plek staan.. Kleed de kamer aan naar jullie smaak. Geef het de juiste kleur, hang enkele prachtige afbeeldingen aan de muur, en gebruik gordijnen, beddengoed en kussens in warme kleuren. Creëer een klein altaar waarop je je liefde en inspiratie uitdrukt voor de Goden en Godinnen die je eert. Het is belangrijk om dit altaar samen te maken en het regelmatig te verversen, in ieder geval eens per week. Zet er verse bloemen op, water en andere objecten die je verbinden met de aanwezigheid van het Goddelijke.

LIEFDESLES 55

'Cleanliness is next to Godliness'

Maak jezelf schoon voor je de liefde bedrijft. Poets je tanden, was je gezicht, je haar, je geslachtsdelen, je oksels, je billen en je anus, je voeten, je handen en je nagels. Geef de nodige aandacht aan je lichaam en masseer je huid om een groter bewustzijn en een grotere sensitiviteit te krijgen. Je kunt een lichte olie gebruiken, die niet te sterk geurt, anders overheerst het de zoete geur van de huid die je partner juist opwindt. Ruim eveneens je huis op, in het bijzonder de slaapkamer. Maak de vloer schoon, verschoon eventueel de lakens, en haal alle overbodige spullen weg. Onthoud: een tempel is een plaats van aanbidding, schoonheid en gelukzaligheid. Behandel je lichaam als een tempel en kleed je als zodanig. Draag lichte kleding en doe alles uit wat je herinnert aan de dagelijkse bezigheden, als een portemonnaie, sleutels, geld, papier, agenda etc.

Van fantasie naar realiteit

Vaak leven we onze romantische of sexuele wensen uit in onze fantasie. We hebben onze favoriete erotische verhalen als we met onszelf vrijen of zelfs als we met onze partner de liefde bedrijven. Door middel van fantasieën trek je aan waar je naar verlangt. Als je naar een relatie verlangt, kun je bijvoorbeeld fantaseren over een partner. Als je je in een vertrouwde relatie bevindt, kun je fantaseren over je geliefde. Als je over andere mannen of vrouwen begint te fantaseren, kan het zijn dat je andere minnaars aantrekt. Fantasieën creëren een echo in het dagelijkse leven, dus het is belangrijk om voorzichtig te zijn met wat je wenst of droomt.

Visualisatie - bewust fantaseren - is een krachtig middel, maar het vraagt veel controle en een grote verantwoordelijkheid. Waar je naar verlangt, is niet altijd wat je nodig hebt. Wellicht kom je hier door ervaring achter. Het grootste geluk bereik je door aan God of de Godin te vragen om je te geven wat je nodig hebt.

Want hoewel fantasie niet verkeerd is, houdt het ons opgesloten in onze geest, in plaats van dat we ons verbinden met onze geliefde. Wil je je dromen uit laten komen, schrijf je favoriete fantasieën dan op, verbrand ze vervolgens en bid dat je ze offert aan God/Godin. Geef je over aan het genot van het Goddelijke, in plaats van aan het virtuele plezier van de geest.

Wees in het hier en nu

Denk niet aan het verleden of aan de toekomst als je de liefde bedrijft. Breng nooit verhalen uit het verleden ter sprake, noch van je eigen verleden, noch van je liefdesleven met vorige partners. Vergelijk nooit je liefdesleven van je huidige partner met hetgeen je had met een andere geliefde, of het liefdesleven waarvan je droomt met een perfecte partner in de toekomst. Alleen het huidige moment telt. Je huidige partner belichaamt alles in een man of vrouw wat mogelijk is. Niets is ondenkbaar. Zie in jouw partner de partner van je dromen. Denk niet dat er iemand anders is die beter of meer geschikt is voor jou. Als dat zo is, dan zou je niet de liefde moeten bedrijven met deze persoon en moet je de consequenties aanvaarden. Wees helder in je hart voordat je de liefde bedrijft. Wees als een maagd die naar haar huwelijksnacht gaat. Wijd je volledig toe aan je partner.

LIEFDESLES 58

Een gezonde houding ten opzichte van sex

Een belangrijke voorwaarde om met elkaar te vrijen is een gezond lichaam en een goed immuunsysteem. En vice versa: een gezond lichaam is gebaat bij gezonde sex. Dit betekent niet dat je een partner nodig hebt of regelmatig sex moet hebben. Het betekent in eerste instantie een gezonde houding ten opzichte van je eigen lichaam en van je sexuele gevoelens. Onderdrukking ervan zorgt voor schade aan het systeem en blokkeert de levensstroom.

Een ongelimiteerde vervulling van sexueel verlangen creëert eveneens schade en zorgt ervoor dat je lichaam sneller veroudert. Sexuele energie dient gericht gebruikt te worden. Zie het als de meest heerlijke en meest kostbare voeding. Neem het in kleine beetjes, maar weet hoe je er puur en intens van kunt genieten, alsof het de voeding van de goden zelf is. Leer hoe je het plezier van sex kan toewijden aan het Goddelijke en aan de hogere doelen van je ziel. Als je het sexuele genot louter om het genot waardeert, breng je jezelf schade toe. Het richt de energie van sex naar het ego, dat constant bevestiging en vervulling nodig heeft. Geniet van sex zoveel als je kan, maar breng het in overeenstemming met het Goddelijke aspect van jezelf. Richt je blik omhoog, niet naar beneden en je sexuele plezier zal zich vermenigvuldigen.

LIEFDESLES 59

Het verlengen van genot

Genot brengt je in de Goddelijke staat van extase. Onderdruk je verlangen ernaar niet, maar leef het ook niet ongelimiteerd uit. Verleng de staat van verlangen, alsof je hevig verliefd bent, maar de vervulling ervan nog niet bereikt. Forceer nooit de vervulling van je verlangen, want dat brengt schade toe aan het fysieke en emotionele lichaam. Geniet van je verlangen en maak er een gebed van toewijding en aantrekking van. Hoe groter het verlangen, hoe hoger de staat van extase. Dit vraagt een zekere mate van overgave, waarin je niet weet of je verlangen bevredigd zal worden of niet. Dit brandende verlangen en tegelijkertijd niet weten of je geliefde jouw diepste wensen zal vervullen, vernietigt het ego en zorgt voor bevrijding van je geest.
Door niet te weten wat de uitkomst zal zijn, kun je je alleen maar overgeven aan het Goddelijke: alleen God of Godin kan je wensen vervullen. Bid tot Hem/Haar om je alles te geven wat je wenst en wat je nodig hebt, en laat de uitkomst en de invulling ervan over aan het Goddelijke. Verwacht nooit een bepaalde uitkomst, want dit creëert desillusie. Verwacht het onverwachte.

Afrodisiacum

Een kleine hoeveelheid alcohol (één of twee glazen) kan je zintuigen ontspannen, net als het roken van softdrugs zoals marihuana. Dit verhoogt de gewaarwording van het lichaam en het sexuele plezier. Het gebruik van zowel alcohol en soft drugs in grotere hoeveelheden is schadelijk voor het lichaam en voor de geest. Het blokkeert de bloeddoorstroming naar de geslachtsdelen en brengt je bewustzijn naar beneden. In kleine hoeveelheden werkt het als een afrodisiacum en kan het bijdragen aan het liefdesspel. Een ander afrodisiacum is hete gemberthee. Dit verhoogt de gewaarwording en geeft geestelijke helderheid. Gember is tevens een van de wortels die zorgt voor jeugdigheid en vitaliteit. Ananassap heeft een gunstig effect op de erectie van een man en op zijn sperma. Lassi of yoghurtdrink met mango creëert een zoete smaak en helpt om speeksel te produceren. Alles wat speeksel creëert, is gezond. Speeksel is het equivalent van het vocht van een yoni.

LIEFDESLES 61

Elkaars voeten wassen

Een van de manieren om elkaar voor te bereiden op het liefdesspel is om elkaars voeten te wassen. Neem er ruim de tijd voor en doe het met alle aandacht. Neem een voor een de voeten van je geliefde in je handen, kijk ernaar en masseer ze zachtjes. Was ze daarna af in een teil met lauwwarm water en blijf ze masseren. Daarna droog je de voet van je geliefde af en kun je er een kus op geven. Start nog niet met het voorspel, omdat dit slechts de voorbereiding is. Hoe langer je de erotische spanning kunt volhouden, hoe plezieriger het is voor je partner.

Voorspel

Het voorspel begint met het openen van je lichaam, je geest, je hart en je ziel voor je geliefde. Dit kan uren, dagen of zelfs weken voorafgaand aan het feitelijke liefdesspel beginnen. Het is een staat van gewaarwording van de andere persoon en een uitnodiging van hem of haar in het huis van je ziel. De ander reageert hierop door signalen van aantrekking, aandacht en intimiteit. Dit wordt de 'Dans van de Lelies' genoemd. Geen van beide partners moet te snel willen handelen, noch zich terugtrekken of wanhopen, maar stevig geaard en liefdevol blijven in hun aandacht voor de ander om hem of haar tijd te geven om zijn of haar ziel voor jou te openen. Door te snel naar het sexuele niveau te gaan, mis je het erotische voorspel waardoor de energieën van de ziel zich kunnen verbinden. Als je echter te langzaam vordert, verdwijnt de diepte van de erotiek. Geef elkaar kleine signalen van aandacht en aantrekking. Spreek woorden van liefde en aanmoediging. Ga niet intellectualiseren, maar praat ook niet over triviale dingen. Zoek naar de woorden die passend zijn en die de ander op zijn gemak stellen, maar bovenal schenk je aandacht aan de ander.

Gebruik speelsheid en humor om de ander te openen voor het spel van sexuele intimiteit. Geniet van samen te eten, te drinken, in de natuur te zijn, te wandelen langs het strand, naar muziek te luisteren en te genieten van elkaars aanwezigheid als deel van het voorspel. Gebruik water (de zee, rivier), vuur (kaarsen, haardvuur), lucht (wandelen, naar de sterren kijken), aarde (natuur, op de grond zitten) om het lichaam in contact te brengen met de elementen in de natuur. Voorkom dat één element oververtegenwoordigd is. Te veel drinken, zoals alcohol, zorgt ervoor dat je afwezig bent en dat je zintuigen afstompen. Te veel mensen om jullie heen werkt afleidend. Alle aandacht moet gericht zijn op het liefdesspel dat zich gaat voltrekken en dat vergt een zorgvuldige en aandachtige planning, zonder dat het rigide wordt.

Lichaamsmassage

Een manier om elkaar genot te geven is een volledige lichaamsmassage. Een volledige lichaamsmassage refereert niet alleen aan de persoon die de massage ondergaat, maar ook aan de persoon die de massage geeft. Zorg ervoor dat er een prettige temperatuur in de kamer is. Beide partners zijn naakt. Als de massage een verrassingscadeau is voor je partner, kun je eerst een handdoek omhouden en die later afdoen tijdens de massage. Terwijl je geliefde op zijn of haar buik ligt op het matras of op kussens op de grond begin je met het masseren van de handen of de voeten. Gebruik een lichte massageolie of kokosolie. De massage werkt beter als jullie beiden wat glibberig worden. Gebruik vervolgens andere delen van je lichaam om te masseren: je voeten, wat zeer erotisch werkt, je benen, je armen, je hoofd en haar om alle delen van het lichaam van je geliefde aan te raken. Uiteindelijk kun je je borsten, je billen, je lingam en je ballen gebruiken om mee te masseren. Je kunt op je partner gaan zitten – op de benen, de borst, de billen, de rug of op het hoofd – en met je heupen kleine cirkelbewegingen maken. Als je zwaarder gebouwd bent dan je partner steun je op je handen en knieën.

Daarna is het tijd om van rol te veranderen, zodat de andere partner de massage kan ontvangen. Begin op dezelfde manier; wrijf de huid in met een lichte olie, en begin bij de voeten en de benen. Een vrouw kan het hele lichaam van haar partner masseren met haar borsten. Maar ook het gebruik van haar voeten, benen, armen of billen werkt zeer opwindend. Ze kan op zijn heupen gaan zitten met haar rug naar hem toe en haar billen langzaam richting zijn gezicht bewegen, waarbij ze kleine cirkelbewegingen maakt op zijn borst. Ze kan ermee eindigen om haar billen en vulva tegen zijn gezicht te duwen, of zijn gezicht tussen haar benen te klemmen.

Een man kan zijn lingam en ballen gebruiken om te masseren, door ze tegen haar huid te wrijven of te slaan. Maar ook zijn bovenbenen, zijn bovenarmen, heupen of billen kunnen wonderen doen bij zijn partner. Je kunt deze massage nog opwinderder maken door het geblinddoekt te doen.

LIEFDESLES 64

Striptease

Eén van de manieren om erotische prikkels te stimuleren werkt via de ogen, in het bijzonder voor mannen. Als een man de ronde vormen ziet van billen, borsten of benen roept dat automatisch een respons bij hem op. Maar ook vrouwen reageren opgewonden als ze de spieren, de billen of de bobbel van het kruis van mannen zien.

Om volledig van het visuele spel van de erotiek te genieten, kun je een striptease doen voor je partner. De kunst van een striptease ligt voornamelijk in de egoïstische aandacht voor jezelf en het genieten van de bewegingen van je eigen lichaam. Hoe meer plezier je er in schept om je eigen naaktheid te onthullen en je sensualiteit te onderzoeken, hoe meer je geliefde van de 'show' zal genieten. Ga recht voor hem of haar staan en ontkleed je langzaam.

De partner die kijkt, heeft niet alleen een passieve rol. Stel je voor dat de Godin of God zelf zich voor jou uitkleedt, je verleidt en naar je toe komt. *Beauty is in the eye of the beholder.* Door je geliefde liefdevolle aandacht te geven help je hem of haar om nog meer van zijn schoonheid te onthullen.

LIEFDESLES 65

Intieme aanraking

De striptease kan gevolgd worden door een intieme aanraking. Een vrouw kan als een tijger naar haar partner kruipen, en voor zijn ogen zijn lingam pakken en hem beginnen te likken, voordat ze zijn lingam in haar mond neemt en hem begint te zuigen, terwijl ze naar hem kijkt.
Ze kan ook op zijn gezicht gaan zitten alsof ze een paard berijdt en de lippen van haar yoni op zijn mond, neus en kin duwen. Doe dit langzaam zodat hij kan genieten van het zicht en plaag hem met je yoni. Jij bent degene die de leiding heeft. En terwijl je dit doet, richt je je op het grootste genot voor jezelf, terwijl je tegelijkertijd bewust bent van de gevoelens en sensaties van je geliefde en van jezelf.
Een man kan met zijn lingam haar lichaam strelen, en haar zijn erectie tonen. Hij kan met zijn heupen naar haar hoofd gaan en vlak voor haar gezicht met zijn lingam spelen, hem tegen haar wangen of kin slaan, en hem uiteindelijk in haar mond stoppen. Kijk hoever je kan gaan als je degene bent die de leiding heeft, terwijl je de grenzen van je partner respecteert.
Een man kan eveneens als een wild dier naar zijn geliefde kruipen en haar hele lichaam likken, te beginnen met haar voeten, terwijl hij zich in cirkels langzaam naar haar yoni beweegt.

Al deze oefeningen kunnen twee kanten opgaan: het kan een groter gevoel van genot en bevrijding geven, of het kan leiden tot afkeer of angst. Het verschil tussen de twee is de totale toewijding aan de ander. Dat betekent niet dat je de hele tijd rekening hoeft te houden met je geliefde, want zelfs in je egoïstische genot kan je de ander laten voelen dat je van hem of haar houdt. De innerlijke houding van toewijding creëert het verschil. Vraag om innerlijke begeleiding en voer het spel uit in een staat van respect en bewondering.

De fontein, een oefening voor de man

Zit rechtop en mediteer met je aandacht naar je hart. Breng je focus naar je hart en breng je hart in een staat van toewijding. Dat kan de toewijding zijn aan je partner, toewijding aan muziek, aan de natuur, aan God etc. Het maakt niet uit, zolang het gevoelens van liefde en schoonheid bij je oproept. Begin dan je lichaam te stimuleren door je tepels of je geslacht te strelen. Masseer ze totdat je een erectie hebt. Stimuleer de top van je lingam, de eikel, alsof een vrouw er aan zuigt. Je kunt aan het lichaam van een vrouw denken, haar borsten of yoni en haar schoonheid. Focus je vervolgens, terwijl je klaarkomt, op het beeld van haar yoni alsof je er uit drinkt als de nectar uit een bloem. Laat de energie van je orgasme naar je hart en hoofd stromen. Geniet van het gevoel van extase en neem daarna rust. Drink genoeg water en eet verse citroen en ananas om je sperma te herstellen.

Het bespelen van de fluit

Als een vrouw de penis van haar partner afzuigt, geeft ze al haar liefde en toewijding aan zijn mannelijkheid. Doordat ze zich overgeeft aan het plezier van het zuigen zelf, schenkt ze hem alle aandacht en liefde. Het is één van de diepste manieren om voor een man te buigen. Zijn zaad in je mond ontvangen, of hem laten klaarkomen op je borsten of op je gezicht, is één van de meest erotische ervaringen voor een man. Het versterkt zijn zelfvertrouwen, zijn aanwezigheid en zijn mannelijkheid.

Een man op deze manier eren heet 'het bespelen van de fluit'. Er zijn drie fasen: kijken, strelen en likken, en er zijn vele variaties hierin. Iedere vrouw heeft haar eigen technieken en voorkeuren. Door vol verlangen te kijken maakt ze haar man trots en zelfverzekerd van zijn mannelijkheid. Zijn erectie symboliseert de universele lingam van Shiva, het scheppende principe in de kosmos. Door op haar knieën voor hem te zitten benadrukt ze haar ondergeschiktheid en haar dienstbaarheid aan hem. Aan de andere kant is het de vrouw die hierin de totale controle heeft over haar man.

Ze kan zijn ballen in haar hand nemen, ze wegen, ze zachtjes kneden of ze naar onderen trekken. Ze kan zijn penis naar boven en naar beneden stelen en er tussen haar handen mee spelen. Uiteindelijk kan ze kleine zoenen op de top van zijn lingam geven, hem in de ogen kijken en zijn hele penis in haar mond nemen. Ze kan met haar tong rond de rand van zijn eikel spelen, of een ring van haar mond maken en hem in en uit brengen. De rand van de eikel is het meest gevoelig. De huid is erg gevoelig en bevat vele zenuwen. Ze kan met haar tong rond de top van zijn eikel bewegen of zachtjes in de

zijkant van de lingam bijten.
Heftig zuigen zodat hij klaarkomt in je mond heet 'het berijden van de stier.' Zachtjes spelen als een soort van voorspel heet 'spelen met de stier'. De vrouw kan ook de testikels van haar man in haar mond nemen en er zachtjes op zuigen en er met haar tong mee spelen. Druk de ballen nooit in. Zaad op je huid zorgt voor een zachte en jonge huid.

De lotus eren

De yoni van een vrouw wordt ook wel lotus genoemd. Een man kan de lotus van zijn geliefde eren door er voor te gaan zitten, terwijl zij op haar rug ligt. Hij kan dit op drie manieren doen: door te kijken, door haar te strelen en door te likken en te kussen. De blik van de man kan de schoonheid van de lotus doen ontwaken. Als hij er met een liefdevolle blik naar kijkt, kan de yoni dik en sappig worden zoals de knop van een lotusbloem. Dit heet 'het groeien van de knop'. Als een man naar de yoni kijkt, brengt het hem in contact met de bron van het leven. Door te buigen voor de lotus eert hij het mysterie van het leven zelf.

Na het kijken kan hij de lotus langzaam aanraken. Eerst rondom, over de venusheuvel, dan de binnenkant van de dijen en het perineum, de plek tussen de yoni en de anus. Dan kan hij de buitenste lippen van de yoni strelen en zacht aan haar schaamhaar trekken. Met een vinger kan de man de clitoris van de vrouw masseren, de geheime knop van haar genot, eerst zachtjes en langzamerhand steviger. De vrouw kan hem hier in leiden en hem vertellen wat ze fijn vindt, aangezien dit zeer subtiel is.

Door een vinger in haar yoni te brengen, kan hij haar natte zachtheid verkennen en de binnenste lippen en de binnenkant van haar lotus masseren. Hij kan iets van de honing van haar yoni proeven door er aan te ruiken of zijn vingers af te likken. Dit heet het 'openen van de bloem'.

Uiteindelijk kan hij de yoni kussen, beginnend met kleine kussen op en rond haar lippen, haar dijen en haar schaambeen. Hij kan de buitenste lippen van haar yoni in zijn mond nemen en er zachtjes aan zuigen. Dan kan hij haar clitoris likken met de punt van zijn tong, of lange stroken met zijn tong door haar yoni van onder naar boven maken of zijn tong diep in haar steken. Dit heet 'het kussen van de bloem'. Om de ervaring intenser te maken, kan de vrouw haar tepels strelen of het hoofd van de man vastpakken en hem dichter in haar yoni drukken. Terwijl de man zijn orgasme dient uit te stellen, kan de vrouw zo vaak als ze wil orgasmes hebben. Als ze klaarkomt op het gezicht van de man geeft dit hem een grote ervaring van Shakti, of vrouwelijke energie. De subtiele energieën die hierbij vrijkomen uit de yoni zijn zeer krachtig en voedend voor zijn geestelijke, fysieke en spirituele gezondheid. Het brengt hem in contact met de waters van het Goddelijke vrouwelijke en lest zijn dorst ernaar. Dit heet 'het drinken van de nectar'.

Overgave

Voor de spirituele ontwikkeling van een man is het belangrijk dat hij zich kan overgeven aan het vrouwelijke aspect, de Shakti. Hij moet voor haar kunnen buigen en vrijwillig zijn mannelijke kracht kunnen loslaten, om opnieuw geboren te worden en een nieuwe kracht te vinden in verbinding met het vrouwelijke. Er zijn enkele oefeningen die dit bewerkstelligen en de man helpen zich over te geven. Dit vraagt een grote precisie en integriteit van de vrouw die de leiding heeft bij deze oefening. Zij moet hem helpen om zich in liefde over te geven, waardoor hij het vrouwelijke aspect in zichzelf kan integreren, en de eer niet persoonlijk nemen, wat louter haar ego zou strelen en daarmee juist zijn kracht doet afnemen.

De lingam

De dikte van de penis en de rand van de eikel geven iedere keer dat hij erin en eruit beweegt genot aan de vulva van een vrouw. Om de penis dikker te maken en de rand voller, is het belangrijk dat er regelmatig een goede bloeddoorstroming in de penis is. Heb zo vaak als je kan een erectie om bloed naar de lingam te brengen, echter zonder klaar te komen. Wrijf de schacht van de penis tussen je handen heen en weer alsof je brooddeeg kneedt. Je kunt de rand van de eikel dikker maken door hem drie minuten in lauwwarm water te houden en de voorhuid zo vaak als mogelijk terug te doen.

LIEFDESLES 71

De tweede mond

Met de spieren van de yoni kan de vrouw genot geven aan haar partner, door ze samen te trekken en los te laten wanneer de lingam van haar geliefde in haar is. Dit creëert een zuigende beweging, net zoals het zuigen van je mond.
Om deze beweging te oefenen trek je de spieren van je perineum, de plek tussen de vagina en de anus, naar binnen en naar boven, alsof je je urine ophoudt. Oefen dit zo vaak als je kan. Deze oefening helpt je tevens om je sexuele energie naar boven te laten bewegen als je een orgasme hebt, zodat de energiestroom naar je hart en naar je hersenen gaat.

Voortijdige ejaculatie

Als de man op het punt staat te ejaculeren, moet hij een teken geven aan zijn partner om te stoppen met stimulatie zodat hij zijn zaadlozing kan ophouden en het liefdesspel kan voortzetten. Als de man te snel klaarkomt, moet hij leren zich te ontspannen. De vrouw kan hem masseren zonder hem sexueel op te winden. Doordat hij de spanningen in zijn geest loslaat, zal hij een manier vinden om zijn zaadlozing uit te stellen.

Massage van de anus

Het is zeer gezond om de anus te masseren. Voordat je de massage begint, moet je je nagels kortknippen en je anus wassen met lauwwarm water. Gebruik een vinger en een lichte olie of kokosolie om de anus te masseren. Maak eerst cirkelbewegingen rond de anus zodat de spieren van de anus kunnen ontspannen. Ga dan langzaam naar binnen, en zorg dat je niet te snel gaat. Er zitten vele zenuwuiteinden in de kringspier van de anus. Ontdek de binnenkant van de anus terwijl je ronde bewegingen maakt. Ga niet dieper dan één vinger en gebruik maximaal twee vingers. Je kan de oefening bij jezelf doen of bij je partner. De persoon die de massage ondergaat, kan ontspannen op zijn rug liggen met zijn of haar benen opgetrokken. Je ademt naar je billen toe en alle emoties die naar boven komen tijdens de massage adem je weer uit. Je kunt er een loslaat-ritueel van maken, want de anus heeft alles te maken met het loslaten van controle, het onbekende en het mysterie van de dood. Laat het verleden los, laat je pijn los, laat je gehechtheid los, laat je zorgen los en laat je angst los. Voel hoe het is als iemand je aan de binnenkant aanraakt.

Op de billen slaan

De billen bevatten vele zenuwuiteinden en een aantal stevige klappen kunnen heel gezond zijn. Dat kan op een speelse manier gedaan worden door je geliefde zogenaamd te straffen. Sla altijd met de vlakke handen, niet te hard noch te zacht. De huid kan rood worden, wat een teken is dat de bloeddoorstroming op gang komt.

LIEFDESLES 75

Bijten

Het kan lekker zijn om je geliefde zachtjes te bijten of gebeten te worden. Favoriete plaatsen zijn de nek, de armen, de billen en de benen. Bijt nooit in het gezicht, in de borsten, de maag of de genitaliën. Sommige mensen vinden het lekker als je in hun tepels of lip bijt. Een lichte pijn kan opwinding en sexueel genot schenken.

De melk karnen

Hoewel het binnengaan van de lingam in de yoni het ultieme deel is van het liefdesspel, is het goed om dat zo lang mogelijk uit te stellen. Laat het een onderdeel zijn van een lang proces van spelen, aanraken, genieten, praten en zoenen. Om als man de yoni van een vrouw binnen te gaan, zijn er vele variaties. Je kan slechts een klein stukje naar binnen en naar buiten gaan, maar je kan ook met de volle lengte van je lingam binnendringen. Je kan dit variëren en kijken wat het grootste genot geeft. Je kan bijvoorbeeld vijf keer ondiep binnengaan, en twee keer 'diep duiken' en dat een aantal keer herhalen. Je kan langzaam penetreren en cirkels maken met je heupen, wat het 'karnen van de melk' wordt genoemd.
De vrouw kan haar benen in de lucht of tegen haar schouders aanleggen, zodat haar yoni volledig open komt te liggen. Dit heet het 'splijten van de bamboe'.

Theelepeltjes

Een zeer ontspannende oefening is als de man achter de vrouw ligt, als lepels in een la, en haar van achter penetreert. De vrouw kan zichzelf hierdoor helemaal oprollen en of zichzelf vasthouden. Ze kan de aanwezigheid en kracht van de mannelijke energie achter zich voelen, wat haar kan voeden. De man kan haar haar strelen, haar rug of haar armen, of zijn armen om haar heen slaan en haar hart vasthouden. De vrouw kan zelfs haar duim in haar mond doen en de positie aannemen van een foetus in de baarmoeder.

LIEFDESLES 78

Goddelijke gemeenschap

Goddelijke gemeenschap is een oefening waarbij de lichamen van beide partners zich in verticale positie met elkaar verenigen. De man zit in lotuspositie op de vloer of op een stoel en de vrouw zit op zijn schoot, waarbij ze haar benen om zijn middel vouwt. Alle chakra's van het lichaam raken elkaar wat een perfecte situatie creëert. Je kunt deze oefening doen aan het einde van je liefdesspel. Breng je bewegingen en ademhaling in hetzelfde ritme. Als je beiden richting een orgasme beweegt, kijk elkaar dan in de ogen. Terwijl je klaarkomt, blijf je elkaar aankijken en kus je elkaar alsof je elkaar inademt. Op deze manier wordt de sexuele energie bewaard en zal ze door jullie beide lichamen heen stromen, waarbij alle chakra's worden geactiveerd. Terwijl je je orgasme hebt, denk dan aan de vereniging van het Goddelijke vrouwelijke en het Goddelijke mannelijke dat zich vermengt met je eigen energie. Op deze manier creëer je een kanaal van liefde tussen hemel en aarde, wat een krachtig effect heeft op de twee geliefden, maar ook op de omgeving en de wereld om hen heen, omdat alles met elkaar verbonden is.

Naspel

Voed elkaar na het liefdesspel met lekkers, honing, thee of fruit. Blijf in de vibratie van liefde. Het is het beste om niet aan het einde van de dag te vrijen, als je moe bent en eigenlijk wilt slapen. Wees wakker en fris. Omdat er 'slaaphormonen' worden vrijgemaakt in het brein van een man, heeft hij de neiging om te gaan slapen na het vrijen. Dit is geen probleem. Neem een korte rust om te slapen en spendeer daarna tijd met je geliefde. Zij kan hem na vijf of tien minuten zachtjes wakker maken. Houd de liefdessappen en lichaams-transpiratie op je lichaam. Was ze niet direct weg om het gevoel van intimiteit te behouden. Wees dankbaar om dit Goddelijke geschenk te ontvangen en dank elkaar. Respecteer elkaars anders-zijn en elkaars individualiteit. Onthoud dat de ander niet je bezit is, maar slechts een doorgang naar je eigen Goddelijkheid. Door elkaar te bedanken bevestig je de individualiteit van beide partners en creëer je de juiste afstand en ruimte tussen jullie. Deze ruimte is nodig voor verdere groei en ontwikkeling. Als twee bomen te dicht naast elkaar groeien, staan ze in elkaars schaduw.

Onvervulde verlangens

Als je onvervuld bent, ga dan niet 'shoppen'. Een nieuwe minnaar kan nooit je gebrek of onvervulde verlangen opvullen. Dat lijkt wellicht zo in het begin, maar uiteindelijk word je geconfronteerd met hetzelfde probleem. Keer je in plaats daarvan naar binnen: naar God of de Godin. Geef Hem of Haar je probleem en vraag om een oplossing. Bidden is een krachtige manier om meer vervuld te raken, zelfs als dingen onmogelijk lijken. Door inzicht, wijsheid en toewijding kun je het onderliggende patroon vinden of de redenen waardoor de dingen gaan zoals ze gaan.

Om meer sexueel vervuld te raken, nodig je God/Godin uit in je liefdesspel. Dat lijkt wellicht een oneerbaar voorstel, maar er is niets mooiers dan God uit te nodigen in je meest intieme momenten. Voor God is dit niet vreemd, aangezien Hij/Zij het bedrijven van de liefde heeft uitgevonden. Het is deel van de heiligheid van het leven, maar doordat we de liefde in een verboden hokje hebben geplaatst, hebben we het ontheiligd. We hebben God losgekoppeld van een van de meest prachtige, intieme en heilige aspecten van het leven. Het wordt tijd om Haar weer terug uit te nodigen.

LIEFDESLES 81

Het openen van de zeven chakra's

Maak jezelf gemakkelijk, zit of lig zodat je lichaam zich totaal kan ontspannen. Elke innerlijke ontwikkeling vindt plaats vanuit diepe ontspanning. Als het lichaam zich kan ontspannen, kan de ziel zijn werk doen. Leer om langzamer te gaan in het leven, om langzamer adem te halen en langzamer te bewegen. Zet ontspannende muziek op en steek eventueel een kaars aan. Zodra je ontspannen ligt, visualiseer je dat de God of Godin van intimiteit en liefde tot je komt. Ze kan de vorm aannemen van Afrodite of Eros, van Laksmi of van Jezus of iedere andere verlichte meester met wie je je verbonden voelt. Hij of zij komt langzaam naderbij, zoals een geliefde een bloem benadert. Verwelkom hem of haar in de wereld van je ziel en vertel dat je klaar bent om je over te geven aan de Goddelijke liefde. Zij of hij kust al je chakra's wakker, te beginnen met de onderste. Zij of hij kust eveneens alle plaatsen in je lichaam die je zelf niet kunt bereiken met je geest en die aandacht en verlichting nodig hebben. Maak er een sensuele ervaring van, alsof het een lang en uitgebreid liefdesspel is, waarin je stap voor stap wordt wakker gekust. Je bent zelf passief en laat de God of Godin binnenin je komen, je ontdekken en je lichaam kussen. Ze kan je kussen met haar tong, maar ook met de top van haar borsten of yoni, net zoals de God je chakra's kan wakker kussen met zijn vingers, zijn lippen, zijn heupen of zijn lingam van licht. Iedere aanraking is goddelijk en verlicht een verborgen of donker deel van je lichaam/ziel. Maak er een zeer aangename, bijzondere en erotische ervaring van en geef je volledig over aan de aanraking van het Goddelijke. Er kunnen onverwachte beelden in je opkomen, die je gewoon toelaat.

Weet dat je beschermd en veilig bent gedurende deze oefening.
De zeven chakra's zijn het wortelchakra, tussen de anus en de genitaliën, het navelchakra, de zonnevlecht, het hartchakra, het keelchakra, het derde oog tussen de twee hersenhelften in en het kroonchakra op de top van je schedel.

Het vermijden van lijden

Sexueel genot is een van de meest heerlijke geschenken, maar het is belangrijk om te vermijden dat je elkaar kwetst. Het lijden aan hartzeer en sexuele pijn kan ernstige wonden veroorzaken en het kan lang duren voordat ze geheeld zijn. Sexuele vrijheid en bevrijding komt niet zonder verantwoordelijkheid. Om te vermijden dat je elkaar kwetst, is het belangrijk om de juiste houding te hebben, de juiste partner, de juiste spraak, de juiste gedachten, de juiste tijd, de juiste plaats en de juiste actie.

De juiste houding is er een van toewijding, niet van emotionele afhankelijkheid of van fysieke ontlading. Het gaat om geven, niet om krijgen.

De juiste partner is je eigen partner, met wie je een commitment hebt. Door een andere partner te nemen of sex te hebben met iemand anders buiten je relatie creëer je lijden. Zelfs het denken aan iemand anders dan je eigen partner creëert op een subtiele manier lijden. Leer om controle over je mind te krijgen en richt je gedachten in plaats daarvan op het Goddelijke.

De juiste spraak is er een van zorg, waardering en genieten. Ga geen discussies aan over problemen, dagelijkse bezigheden of andere mensen, vrienden, familie of ex- lovers. Dat lijkt misschien belangrijk, maar niet in het kader van de liefde bedrijven.

De juiste gedachte is er een van schoonheid, wijsheid en

compassie. Gedachten kunnen worden gestuurd. Wees een meester over je gedachten. Verdrijf gedachten die jezelf of je partner naar beneden halen en denk in plaats daarvan aan zaken die jou en je geliefde opbeuren.

De juiste tijd is een tijd van overvloed. Wees nooit gehaast en zet geen grenzen aan de tijd, zodat je in een sfeer van tijdloosheid komt.

De juiste actie is er een van bescheidenheid, spontaniteit en vrijheid. Overeet je niet: vrij niet te vaak. Wees gematigd, maar vind juist overvloed, extase en eeuwigheid binnen de gegeven grenzen.

Laat je niet verleiden tot perversiteiten of emotioneel drama. Wees helder en gefocussed.

De zeven emoties die lijden creëren zijn: jaloezie, woede, verdriet, angst, arrogantie, luiheid en haat. Als je deze emoties voelt opkomen, erken ze dan en laat ze los. Ze zijn niet slecht en je hoeft ze niet te onderdrukken, maar je kunt ze in plaats daarvan eren als een toegang tot een dieper begrip van het Zelf. Ze zijn de sleutels tot het Goddelijke, als je ze kunt laten oplossen in de eeuwige ruimte (?) van de ziel. Draag ze over aan de Godin en ze zal je een geschenk geven van haar overvloed dat je zal voeden. Op deze manier zal de negatieve emotie transformeren en veranderen in licht.

LIEFDESLES 83

Sexueel karma

Karma is de wet van oorzaak en gevolg. Alles wat we doen, creëert kringen in de vijver van de toekomst. Alles wat we in dit of in een vorig leven gedaan hebben, heeft zijn effect op het huidige moment. Dit gaat niet om schuld of vereffening, zoals we geneigd zijn te denken, maar om het simpele feit van oorzaak en gevolg. Het is belangrijk dat we de implicaties van wat we creëren begrijpen en van onze handelingen kunnen leren. Dit is de manier waarop het universum ons feedback geeft: door ons de andere kant van de zaak te laten zien. Met andere woorden: alles wat we een ander aandoen, komt bij ons terug. Op deze manier kunnen we beide kanten van de situatie ervaren.
In het sexuele spel is dit eveneens het geval. De Kama Sutra legt de nadruk op sambogha en ahimsa. Sambogha houdt in dat je gemeenschap hebt op basis van gelijkwaardigheid en een genotvolle harmonie tussen beide partners. Iedere druk, manipulatie of ongelijkwaardigheid zorgt ervoor dat het liefdesspel ten einde loopt. In plaats daarvan dient iedere handeling van liefde, genot en erotiek beantwoord te worden door de ander, zodat het liefdesspel zich kan voortzetten en verdiepen.

Ahimsa is het principe van het vermijden van lijden. Je moet ervoor zorgen dat je de ander niet kwetst en er tevens voor zorgen dat de ander jou niet kwetst. Iedere kwetsuur creëert een disbalans en daarmee een karmische schuld, die omgekeerd bij jezelf terugkeert. Door de ander te helpen jou niet te kwetsen vermijd je om een slachtoffer te zijn, maar je helpt de ander tevens om geen negatief karma op te bouwen.

Stap voor stap

Een gezond sexleven is een combinatie van fysieke kracht en schoonheid, emotionele integriteit en liefde, geestelijke helderheid en spirituele overgave. Hierdoor ontstaat er harmonie tussen geliefden. Als een van deze aspecten uit balans is, is het zaak ernaar te kijken, het te onderzoeken en eraan te werken, zodat je transparanter en harmonieuzer wordt. Dit klinkt alsof je er nooit klaar mee bent, maar het gaat niet zozeer om de uitkomst dan wel om de intentie. De weg ernaartoe is deel van het liefdesspel. Haast je niet op dit pad, maar blijf ook niet dralen. Verlies je niet in zijwegen of afleiding, denkend dat spirituele bevrijding wel een andere keer of in een volgend leven komt. Ieder stapje telt. Ieder gebaar van aandacht dat je geeft aan dat hoog geëvolueerde wezen dat je bent, is waardevol. Iedere zoen die je geeft met toewijding, iedere aanraking en ieder teken van bewondering is een heilig geschenk dat het universum verandert. Onderschat de kracht van liefde niet. Gebruik het. Onderzoek het en koester het. Denk nooit dat het niet voor jou is weggelegd. Verzin geen redenen waarom jij niet het pad van de liefde zou mogen bewandelen. Kijk er niet naar op, maar kijk er ook niet op neer, alsof het te min is voor jouw intellectuele of spirituele niveau. Eer het als de meest kostbare diamant die je oneindige rijkdommen en overvloed geeft. Zelfs als de liefde pijn doet, kan het je parels geven, mits je het geschenk niet weggooit dat verborgen zit onder de rouw, de pijn en de eenzaamheid. Ga stap voor stap en de weg zal zich tonen.

LIEFDESLES 85

Het aanroepen van de Godin

In India zijn Goden en Godinnen personificaties van bepaalde archetypische energieën in het leven. Deze Goden en Godinnen worden aanbeden om in contact te komen met deze energieën en een verbinding te maken tussen het Goddelijke en het menselijke niveau van bestaan. Zo boven, zo beneden. Een van deze Godinnen is Lalita, de speelse Godin. Daarnaast wordt ze gezien als de Grote Godin, degene die het hele bestaan omvat. Ze wordt aanbeden met vele namen en op veel verschillende manieren, maar aangezien ze een vrouwelijke godheid is, kan ze ook aanbeden worden door de toewijding aan een vrouw. Net zoals iedere man geschapen is in het evenbeeld van God, zo is iedere vrouw de personificatie van de Godin. In India is het de traditie om de Grote Godin aan te roepen door haar duizend namen te reciteren. Dit zorgt ervoor dat haar essentie tot leven komt. Omdat duizend namen dit boek onvermijdelijk dik maakt, kiezen we een paar namen uit die de Godin representeren op verschillende manieren. Door deze namen hardop voor te lezen krijg je een indruk van de grootsheid van Lalita, de speelse Godin en de positieve invloed die ze kan hebben op je leven. Terwijl je de namen leest, kan het zijn dat je bepaalde reacties voelt in je lichaam en in je ziel.

Ere aan Haar die de meesteres is van het hele universum.
Ere aan Haar die de ultieme extase is.
Ere aan Haar die een schatkamer is van Goddelijke schoonheid.
Ere aan Haar wier blik vol van genade is.
Ere aan Haar die uit het vuur komt van puur bewustzijn.

Ere aan Haar die het universum in haar baarmoeder draagt.
Ere aan de Goddelijke Moeder, die de moeder van ons allen is.
Ere aan Haar die speels is. Haar spel is de schepping, het behoud en de uiteindelijke ontbinding van het universum.
Ere aan Haar wier gezicht wordt verlicht door een zachte glimlach.
Ere aan Haar die de schenkster is van de vier waarden in het leven: integriteit, rijkdom, genot en bevrijding.
Ere aan Haar die het oneindige is zonder begrenzing.
Ere aan Haar die zo sierlijk en stevig is als de stengel van een lotusbloem.
Ere aan Haar die de zon en de maan als oorringen heeft.
Ere aan Haar wier ogen lijken op lotusbladeren.

LIEFDESGEBED

Ik houd van mezelf. Ik geef met plezier uitdrukking aan mijn sexualiteit en sensualiteit. Ik geef met plezier uitdrukking aan mijn schoonheid en kracht. Ik geniet van de kracht van mijn lichaam. Ik geniet van de sensualiteit en schoonheid van mijn lichaam, van mijn buik en mijn heupen, mijn rug en mijn billen, mijn benen en voeten, mijn armen en handen, mijn gezicht en mijn haar...

Ik eer mijn mannelijkheid. Ik eer mijn lingam, mijn zaad, mijn ballen, mijn kracht, mijn schoonheid, mijn lichaam, ik geef met plezier uitdrukking aan mijn mannelijkheid. Ik ben bereid de angst los te laten dat ik niet goed genoeg ben in bed.
Ik ben bereid de schaamte voor mijn erectie los te laten. Ik ben een sexueel wezen en ben trots op mijn lichaam, trots op mijn lingam en op mijn viriliteit en sensualiteit. Ik vind het heerlijk om te genieten in bed en optimaal van sex met mijn geliefde te genieten: om haar te penetreren, mijn lingam in haar yoni te stoten en in haar klaar te komen. Ik vind het heerlijk om te genieten van het lichaam van mijn geliefde en laat me helemaal gaan in het genot van haar/hem te proeven.

Ik eer mijn vrouwelijkheid. Ik eer mijn yoni, mijn borsten, mijn billen, mijn dijen, mijn benen, mijn haar, mijn gezicht, mijn schoonheid, mijn lichaam. Ik geef met plezier uitdrukking aan mijn vrouwelijkheid. Ik ben bereid de schaamte voor mijn yoni los te laten. Ik ben bereid de schaamte voor mijn lichaam kwijt te raken.Ik mag mijn lust ten volle ervaren en genieten, wetend dat het een heilige kracht is die me inwijdt tot een groter bewustzijn in liefde. Ik ben niet langer bang om begeerd en geliefd te zijn. Ik laat de liefde van mijn partner ten volle in mij doordringen, tot in alle cellen van mijn lichaam. Zijn lust voor mij kan ik volledig ontvangen.

Ik ben trots op mijn lijf en op mijn sexualiteit. Ik ben bereid de schaamte voor mijn naaktheid los te laten. Ik ben bereid de schaamte voor mijn lust los te laten.
Ik ben bereid om de schaamte voor mijn opwinding en sexuele aantrekking naar anderen los te laten.
Ik geniet ervan als mijn partner van mijn lichaam geniet en zich helemaal overgeeft aan zijn/haar lust voor mij. Het maakt dat ik nog meer liefde en verbinding ervaar. Ik stel onze lust en ons sexueel genot ten dienste van de liefde, en ontvang haar volledig.

Ik hoef sexualiteit en sensualiteit niet langer af te wijzen, maar mag ze daarentegen volledig omarmen en toelaten in mijn leven, mijn lichaam en mijn liefdesrelatie. Ik hoef geluk, liefde en overvloed niet langer de deur te wijzen, maar mag ze met open armen ontvangen. De deur die ik zo lang gesloten hield naar de diepste intimiteit en sexueel geluk, mag ik weer volledig openen. Ik ben welkom om opnieuw de tuin van liefde te betreden, en het avontuur aan te gaan van een opwindende, liefdevolle en veilige relatie, die me op alle niveaus bevredigt.

Relaties en sex leiden me niet af van mezelf of mijn spirituele ontwikkeling, maar leiden me er juist naartoe. Dit is de weg van de Godin, die me inwijdt in de diepste roerselen van mijn ziel, in de diepste gronden van mijn menszijn. Ik omarm haar volledig en geef me over aan haar rijke schatten en voluptueuze wijsheid. Ik ben me bewust van alles wat me daar tot nu toe van weerhouden heeft, en sta mezelf toe om dit zoete geluk, de amrita van het bestaan, weer in me op te nemen.

De Godin zegent me, de Grote Moeder overstelpt me met liefde en sexuele overvloed, omdat het hele bestaan doordrenkt is van haar levenschenkende kracht. Ik wijs haar nooit meer de deur, omdat ik bang was voor haar overvloed of haar kracht. Ik neem haar tot me, als echtgenoot, bedpartner, liefdesminnaar, wijze vrouw en als Godin, want het is zij die me toekomt, net zoals ik haar toebehoor. Ik ontvang de zegen van het heilige huwelijk, waarin lichaam en ziel elkaar innig omarmen.

HOOFDSTUK 5.
DE TAAL VAN HET LICHAAM

Het lichaam is een kanaal voor sexuele energie, levenskracht en vitaliteit. Om die energie vrij en ongestoord te kunnen laten stromen en ervan te genieten is het van belang dat we goed met ons lijf omgaan. Helaas is dat in onze cultuur verre van vanzelfsprekend. Vaak vervuilen we ons lijf met goedkope sex, slechte voeding, negatieve gedachten en destructtieve emoties als haat, rancune, onmacht of slachtofferschap. Daardoor vervlakt ons vermogen om werkelijk te genieten en wordt de ervaring van de werkelijkheid op zijn best een wat doffe en eendimensionale bezigheid, waaruit alle magie en vitaliteit verdwenen is. We worden van jongs af aan echter niet geleerd dat ons lichaam een hoogsensitief, verfijnd instrument is waar we met aandacht voor moeten zorgen. We komen uit een technologische wereld waarin het lichaam door de wetenschap wordt gezien als een mechanisch werktuig waar bloed, botten en hersens in zitten, waarin de liefde niet meer is dan een biologische reactie van hormonen en sex wordt gezien als een vorm van voortplanting.

Niemand heeft ons geleerd dat het lichaam tot veel meer in staat is, dat we tot op verre afstand emoties en velden van energie kunnen waarnemen, dat onze zielen met elkaar kunnen communiceren, dat we als geliefden telepathisch met elkaar verbonden zijn, dat we sexuele energie creatief kunnen gebruiken om het leven te creëren dat we wensen, dat ons lichaam niet alleen kan bewegen maar ook anderen kan helen en genezen. Het is een kleine greep uit het grote arsenaal waartoe we in staat zijn, als we ons volledig openstellen voor de subtiele en fijnzinnige krachten die in ons schuilen. Maar hoe komen we daar, zonder te vervallen in een rigide systeem van afvallen, sporten of juist luieren en niets doen? Het vergt in eerste instantie een totale acceptatie van ons lichaam zoals het is, en vaak is dat niet gemakkelijk.

Zoals je een eigen lichaam hebt – een fysiek lichaam – zo ben je ook deel van een groepslichaam. Door je te verbinden met je hart, verbind je je met het groepslichaam. Hierdoor ga je steeds meer voelen en gewaar worden. Je pikt steeds meer op van andere mensen: stemmingen, emoties, sferen, in gebouwen, in bedrijven, in groepen. Je bewustzijn strekt zich als het ware uit over een groter lichaam. Je wordt daardoor steeds gevoeliger. Het kan soms verwarrend zijn omdat je steeds meer impulsen van buitenaf krijgt. Tegelijkertijd is deze hooggevoeligheid een belangrijke kwaliteit. Je lichaam is als het ware een instrument. Als dit instrument steeds helderder gaat klinken, kun je muziek maken met de informatie van de mensen om je heen. Je kunt als het ware mensen aanraken van binnenuit. Als je deze woorden niet volledig kan snappen, geeft dat niet. Het gaat er niet zozeer om dat je het mentaal begrijpt, maar dat je het van binnen ervaart. Soms ontstaat werkelijk zielenbegrip niet via de geest, maar via het lichaam of via het hart.

Het lichaam is een uiterst complex organisme. Behandel het niet als een auto of als een machine. Het is een tempel. Houd het actief, schoon en bid regelmatig om het schoonheid en liefde te geven. Commandeer je lichaam niet. Luister ernaar en eer haar behoeftes. Accepteer haar ritme van slapen, eten, rusten, de liefde bedrijven, bewegen of dansen. Geef het bescherming en veiligheid. Laat je lichaam niet door anderen misbruikt worden, noch op een fysieke manier, een geestelijke manier of een emotionele manier. Om te vrijen is het belangrijk dat je lichaam flexibel is en openstaat voor een ander. Het lichaam is net een instrument: hoe beter je erop leert spelen, hoe mooier de muziek is die eruitkomt. Tijdens het liefdesspel wordt de muziek een duet en als je de liefdesdaad toewijdt aan het Goddelijke kan het zelfs als een orkest gaan klinken. Om Goddelijke sex te ervaren, is het fijn als we een Goddelijk lichaam hebben. We kijken naar sporters of modellen en spiegelen ons aan hun kracht, sensualiteit en vitaliteit. In bladen lezen we erover hoe we ook eenl dergelijk Goddelijk lichaam kunnen verkrijgen. Maar zoals we al zagen: dit Goddelijke lichaam begint bij de onvoorwaardelijke acceptatie van hoe en wie we zijn. *Beauty is in the eye of the beholder...*

De meesten van ons hebben allerlei oordelen over ons lijf: te dik, te dun, te lang, te hoekig, te klein, om nog maar niet te spreken over de oordelen over onze geslachtsdelen. Het maakt dat ons lijf zich niet echt geliefd voelt, en dat is juist de eerste en belangrijkste stap. Soms kan een karmische belasting ervoor zorgen dat ons lichaam 'vervloekt' is, waardoor oude wonden uit vorige levens of schaamte en schuld door familiepatronen de vrije stroom van liefde blokkeren. We zullen enkele oefeningen geven om hier verder mee aan de slag te gaan, want het vergt enig onderzoek, oefening en aandacht om het lichaam vrij te maken, zodat we onbelemmerd kunnen genieten van heilige sexualiteit. Want het lichaam vraagt tevens om liefdevolle discipline, in voeding, in beweging, in gedachten en in emoties om steeds opener en vrijer te worden, zodat we werkelijk een kanaal kunnen worden voor Goddelijke energie. Het lichaam is net een zekering, waar een bepaalde frequentie aan energie doorheen kan stromen. Als het kanaal verstopt is, blokkeert het de stroom van energie en voelen we ons leeg, agressief of uitgeput. Als we onszelf stap voor stap ontdoen van de blokkades maakt dat de weg vrij voor een ongeremd liefdesspel, waarin we alle frequenties en uitersten van sexuele levensenergie kunnen ervaren en omarmen. Het maakt het Goddelijke tot een directe ervaring en zorgt ervoor dat we eindeloos kunnen genieten van de liefdesdaad.

LIEFDESLES 86

Het immuunsysteem

Aangezien sex betekent dat je lichaamssappen uitwisselt die vreemde en andere bacteriën bevatten, is het belangrijk om een goed immuunsysteem te hebben. De volgende tips kunnen je helpen om een gezond en sterk immuunsystem op te bouwen.
Eet gezond. Eet voldoende groenten en fruit, en drink veel water. Eet geen vlees en vermijd koffie, caffeïne of drugs. Koffie en sigaretten zorgen ervoor dat je lichaam er oud en grijs uit gaan zien. Vlees creëert een ander soort energie in je cellen, waardoor het lichaam zijn natuurlijke schoonheid verliest en er 'vlezig' uit gaat zien. Mensen die vlees eten, gaan er uiteindelijk uitzien als 'beesten': hun huid en lichaamshouding verandert en ze worden vetter. Een slank lichaam is natuurlijk en is niet moeilijk om te bereiken. Vermijd suiker, want dit creëert te veel hitte en agressie in het lichaam. Eet daarentegen veel honing. Honing is als olie voor het lichaam. Ons lijf is het beste gebaat bij noten, bonen, granen en groenten. Bestudeer bijvoorbeeld ayurvedische of macro-biotische voedingswijzen en pas ze stap voor stap toe in je voedingspatroon. Wees niet te extreem, want meestal doet dat je lichaam – en je gezinsleden – geen goed.

Een boost voor je immuunsysteem is de volgende therapie. Bewaar je ochtendurine drie dagen in een afgesloten fles. Daarna wrijf je je lichaam ermee in. Masseer de ochtendurine over je hele lichaam, waardoor het zich vermengt met de olie van je huid en het een soort zeepachtig, bijna wit, mengel wordt. Laat de urine een uur op je huid, zodat het erin kan trekken. Daarna kun je jezelf wassen onder de douche. Als je de urine op het lichaam wrijft, verandert de geur na enige tijd. Als de urine door het lichaam wordt geabsorbeerd, geeft dit een snelle en krachtige boost voor je immuunsysteem en voor je organen. De huid ziet er jonger uit en wordt zachter en stralender.

De drie levenswortels

Snijd drie uien, drie knoflooktenen en drie eetlepels verse gember in kleine stukjes. Gember, ui en knoflook worden de drie 'levenswortels' genoemd. Verwarm een grote hoeveelheid olie in een grote pan en doe de gesneden stukjes in de hete olie. Laat ze sudderen, totdat de stukjes alle olie hebben geabsorbeerd. Op een gegeven moment zal de olie weer worden uitgescheiden, waarmee alle gezonde en waardevolle ingrediënten van de 'levenswortels' mee worden genomen. Dit kun je vervolgens gebruiken als de basis voor diverse maaltijden. Je kunt er gesneden wortel, kool, bloemkool, aardappelen bijdoen, of gekookte linzen, bonen of curry. Deze voeding zorgt voor een grotere potentie en gezond sperma.

Fysieke oefening en sport

Door regelmatig te bewegen blijft het lichaam in goede vorm. Het zorgt voor een goede doorbloeding, verwijdert vet en houdt het lichaam levend. Beweging kan bestaan uit dansen, wandelen, sport of yoga. Drink na afloop genoeg water om afvalstoffen af te laten vloeien. Forceer je lichaam nooit. Alleen vanuit diepe ontspanning kan het lichaam zich openen en vrijer worden. In de westerse cultuur is er de neiging om het uiterste te vergen van het lichaam om meer resultaat te boeken. Dit schaadt uiteindelijk het lichaam. Kracht en flexibiliteit ontstaan door toe te geven aan de eisen van het lichaam. Het lichaam geeft haar grenzen aan en door die te respecteren kun je ze uiteindelijk verleggen. Echter kracht ontstaat door je over te geven aan de wetten van de natuur, niet door de natuur je eigen wil op te leggen. Eer je lichaam als je innerlijke leraar, welke sport je ook beoefent. Zodra je je geest of een uiterlijke autoriteit de leiding geeft over het lichaam, doe je schade aan het systeem. Een goede massage met olie na sport of beweging zorgt ervoor dat de zenuwen en de huid kunnen ontspannen.

Eten en vrijen

Neem nooit een grote maaltijd voordat je de liefde bedrijft. Het zorgt ervoor dat al het bloed naar je maag gaat, in plaats van naar je erectie of vulva. Dit creëert veel gezondheidsproblemen. Je kunt een lichte maaltijd nuttigen met groentes en rijst. Het beste is om twee uur te wachten na de maaltijd voordat je met elkaar vrijt, zodat de meeste vertering al heeft plaatsgevonden.

Ochtendritueel

Drink 's morgens een groot glas lauwwarm water met een lepel honing erin om je maag en darmkanaal te reinigen en je spijsvertering op gang te brengen. Poets met een zachte tandenborstel 's morgens je tong schoon. Heel veel afvalstoffen worden via je tong in de nacht afgeschei-den. Neem vervolgens een grote lepel olijfolie in je mond om enkele minuten zacht of juist hard tussen je tanden heen te persen. Je tanden worden hier wit van en de olie neemt alle afvalstoffen en nare geuren in je mond op. Ook kauwen op basilicum of kruidnagel helpt om je mondhygiëne te verbeteren. Als je adem niet fris ruikt, gebruik dan kummel of anijszaad om op te kauwen. Als je last hebt van zweertjes, aften of ontstoken tandvlees is een thee van salie de beste remedie.

Adem

Een van de belangrijkste voedingsstoffen voor ons lichaam is adem. Adem is leven. In de oosterse traditie wordt het *prana* genoemd, de onzichtbare energie of *Chi* die in alles aanwezig is. Neem de tijd om stil te zitten, je ogen te sluiten en je bewust te worden van je ademhaling. Adem bewust in en uit en word je gewaar dat je je adem en je aandacht naar bepaalde delen in je lichaam kunt sturen. Adem liefde in en adem angst, woede, pijn en schaamte uit. Zo kan je door middel van je adem je lichaam zuiveren van alle oude patronen die niet verbonden zijn met liefde en mildheid.

Lichaamsbeweging

Sport kan een goede manier zijn om je lichaam in beweging te houden, maar soms mist het de subtiliteit van de waarneming en het bewustzijn van het lichaam, zeker als je het fanatiek beoefent. Het gaat om een goed samenspel tussen bewustzijn en beweging, net als tijdens het liefdesspel. Je wilt geen pompende spier zijn, die met zijn hoofd ergens anders zit. Het gaat erom beiden in overeenstemming met elkaar te brengen. Een goede manier daarvoor is bijvoorbeeld yoga, waarin zowel lichaam, ziel als geest tegelijkertijd worden getraind, zodat je een heldere geest, een open hart, een warme buik en een sterk gestel krijgt. Het draait altijd om het in evenwicht houden van de tegendelen, waardoor werkelijke groei en integratie plaatsvindt.

LIEFDESLES 93

Water ritueel

Neem samen een warm bad. Zet er kaarsen omheen en gebruik een zeep die zacht is voor je huid. Wrijf je partner in met zeep en begin bij de voeten. Sluit af en toe je ogen en voel elkaars aanwezigheid en energie in het water. Water is een perfect medium om je te verbinden met elkaars ziele-energie. Je kunt elkaar ook omhelzen, en terwijl je elkaar vasthoudt synchroniseer je het ritme van jullie ademhaling. Als je het bad uitgaat kun je elkaar afdrogen.

Reiniging

Het is goed om het lichaam dagelijks te reinigen en daar uitgebreid de tijd voor te nemen. In de ochtend is een koude douche gezond om de bloedsomloop op te wekken en alle organen te activeren. In de avond is een warme douche goed om tot ontspanning te komen en de energie van de dag af te laten vloeien. Het is belangrijk om de yoni en de lingam dagelijks te reinigen, met zachtheid en zonder chemische middelen. Gewoon water volstaat veelal, zodat de zuurtegraad van de geslachtsdelen niet negatief beïnvloed wordt. Zeep is niet aan te raden voor de yoni.
Was de anus met lauwwarm of koud water, ook na het doen van je behoefte. Wassen met water, zoals in oosterse landen gebruikelijk is, is beter dan het gebruik van wc-papier en stimuleert het natuurlijke contact met de anus.

Ons lichaam bestaat voor het grootste deel uit water. Water is een substantie die zowel informatie als energie kan herbergen. Door ons lichaam te voeden met helder, zuiver water, maken we het steeds transparanter, zuiverder en gevoeliger. Drink zoveel water als je kan, vooral in de ochtend. Spoel je regelmatig af met water. Het maakt je energie weer schoon en zorgt ervoor dat je in verbinding bent met alles wat stroomt. Laat het water bewust over je lichaam stromen en giet haar met je handen over je hoofd, je armen, je benen, je buik, je rug, je geslachtsdelen. Je kunt dit ook bij je partner doen, alsof je de ander doopt met water. Daarbij gaat het om de intentie die je aan het water meegeeft: leg er liefde, eerbied en repect in en vul het water met schoonheid, wijsheid en kracht voordat je het over het lichaam van je partner uitgiet.

Stilte

Je lichaam heeft stilte en aandacht nodig, naast beweging en actie. Vaak is dit stille, vrouwelijke aspect ondergewaardeerd in onze samenleving. Breng opnieuw stilte in je leven. Zet de televisie uit, zet je telefoon uit en creëer een heilige ruimte van stilte. In deze stilte, die in eerste instantie misschien leeg aanvoelt, ga je steeds meer de heilige aanwezigheid van het Goddelijke ervaren. Doe niets, laat alles gebeuren en richt louter je aandacht in de stilte naar binnen, en God of de Godin, Jezus of Maria Magdalena, zal je daar ontmoeten.
Breng regelmatig tijd door in de natuur, op het strand, bij rivieren, in de bossen of in de bergen. De natuur bezit een oneindige bron van prana, levenskracht. Door je in de natuur te begeven vult je lichaam zich met deze levenskracht en ga je opgeladen weer naar huis.

LIEFDESLES 96

Eenvoud

Creëer eenvoud in je leven. Gooi alle spullen weg die overbodig zijn, net zoals je je lichaam zuivert van alle overbodige ballast aan kilo's of afvalstoffen. Laat je leven simpel, schoon en eenvoudig zijn. Door je kasten en huis uit te mesten, je lichaam schoon te maken, kan er een steeds hogere en verfijndere energie doorstromen. Wijsheid, schoonheid en liefde worden steeds concreter en vullen je leven, je huis en je relaties met vrienden en met je geliefde. Het wordt steeds makkelijker om contact te krijgen met de bron in jezelf, omdat niets er je nog van afleidt. Geniet van de kleine dingen en laat met iedere ademhaling het volle leven nog intenser door je heen stromen, zodat je de kosmische lover wordt naar wie je verlangt...

Massage

Verwen je lichaam geregeld door een massage, hetzij door jezelf, hetzij door je geliefde of door een ervaren masseur of masseuse. Een bijzondere massagevorm die je lichaamsbewustzijn en erotische potentieel verhoogt, is een Hawaïaanse Lomilomi-massage. Hierbij wordt je lichaam langdurig ingemasseerd met olie. Op een dieper niveau word je ingewijd in de tempel van je lijf.

Als je jezelf masseert, kun je je lichaam op sensuele manier verkennen door je borsten, je ledematen, je romp, je gezicht of je handen en voeten aan te raken zonder dat dit in eerste instantie leidt tot sexualiteit. Het gaat om de verkenning van je erotische lichaam. Je huid is je grootste orgaan en is van nature zeer sensitief en erotisch. Door haar zacht te strelen en op te winden, wordt het lichaam wakker en worden de energetische stromen door je lichaam geactiveerd. Door het gebruik van olie wordt het contact met je huid groter.

Om je lichaam te verzorgen zijn biologische producten aan te raden. Vermijd alles wat chemisch en daarmee lichaamsoneigen is. Goede producten zijn bijvoorbeeld de oliën van Weleda, maar ook kokosolie is een geweldige olie voor je huid. Het is zacht, niet vet en wordt snel opgenomen. Je kunt het tevens als glijmiddel gebruiken.

Koel zaad

Om gezond en vruchtbaar zaad te krijgen moet je geen strakke broeken of slips dragen die je testikels te dicht tegen je lichaam drukken, waardoor ze te warm worden. Sperma gedijt goed bij een lagere temperatuur. Je kunt je duim en indexvinger gebruiken om je testikels licht van je lichaam weg te trekken. Dit geeft een prettige sensatie en kan ook door je geliefde gedaan worden. De testikels zijn zeer gevoelig maar het wegtrekken uit het lichaam geeft een prettig gevoel.

Zoete sappen

Om zoet sperma of een zoete yoni te krijgen, is voeding belangrijk. Vermijd vlees, koffie, zwarte thee, suiker, alcohol en sigaretten. Hierdoor worden lichaamssappen bitter, zout of zuur. Eet veel groentes, zaden, oliën en fruit. Als je vlees eet, eet dan wit vlees of eet vis. Yoghurt, ananas, amandelen, dadels en vijgen zorgen voor een zoete yoni, zoet sperma, voor een beter libido en voor vruchtbaarheid.

Yoga

Zoek een vorm van yoga die bij je past. Er zijn intense vormen zoals Asthanga yoga, of juist heel ontspannende vormen zoals Yin yoga. De meest gebruikelijke vorm is de Hatha yoga, waarin je aan de hand van bepaalde posities, de asana's, je lichaam en geest zowel in- als ontspant. Het motto van yoga is: een heldere geest, een open hart, een zachte buik en sterke benen. Na de eerste weken van ploeteren zul je langzaam aan merken dat je lichaam en geest ervan opknappen en dat je een echte yogi wordt... ;-)

HOOFDSTUK 6.
HET HEILIGE HUWELIJK

DE TEMPEL VAN OSIRIS

Ooit reisde ik met een groep van twaalf mannen en vrouwen door Egypte. Het thema van de reis was de verbinding tussen het mannelijke en het vrouwelijke. Het was een intense reis, omdat we zoveel oude wonden tegenkwamen rondom mannelijkheid, vrouwelijkheid en sexualiteit; zowel in onszelf als in de Egyptische cultuur. Een van de dingen die op het programma stonden, was een driedaags bezoek aan de tempel van Abydos. Hier bevindt zich het Osirion, een ondergrondse tempel die gewijd is aan Osiris. Vlak daarvoor staat een andere tempel gewijd aan Seth. De plek vertegenwoordigt het oude archetypische verhaal van de broederstrijd tussen Seth en Osiris, het duister en het licht. Uit jaloezie voor zijn broer doodt Seth Osiris en snijdt hem in veertien stukken, die hij verspreidt over de Nijl. De vrouw van Osiris, Isis, de Grote Moedergodin, gaat op zoek naar alle stukken van haar echtgenoot en vindt slechts dertien delen: het vertiende deel, de fallus, is zoek. Ze maakt echter een fallus van goud en blaast haar man nieuw leven in. Ze wordt door hem bevrucht en de lichtgod Horus wordt geboren, die wordt afgebeeld als een valk. Horus verslaat Seth en wordt de nieuwe heerser. Het is een krachtig verhaal over het helen van het mannelijke en van mannelijke sexualiteit door het vrouwelijke. Dat was precies wat er gebeurde in de groep gedurende de hele reis.

De avond voordat we naar de tempel gingen, ontmoetten we de hogepriester van de tempel van Abydos, die eveneens Horus heet. Hij vertelde me dat het belangrijk was om naar een plek in de woestijn te gaan die ver achter de tempel lag, omdat zich daar de werkelijke kracht bevindt. Het is een kloof in de bergwand die '*The Gap*' heet. Er konden echter maar vier mensen heen, omdat het gebied zich in een verboden zone bevindt. Het leek een gewaagde onderneming, maar de moeite waard om te proberen.

DAGBOEKVERSLAG ABYDOS

'Via een geheime uitgang verlaten we het hotel. Een oude, witte mercedes staat klaar om ons mee te nemen. Als we eenmaal zitten, scheurt hij de kelder uit, de hoek om, de weg op. Het is de bedoeling dat de politie ons niet ziet. We betalen de chauffeur, zoals afgesproken, honderd euro. Een godsvermogen hier in Egypte, maar vooruit. De weg leidt door vele steegjes en straatjes waar de grote auto maar net doorheen past. Geiten en ezels worden ternauwernood ontweken. Ik kijk naar achteren: daar zitten drie vrouwen. De eerste vrouw is blond, de tweede rood, en de derde zwart. "Jullie zijn net Charlie's Angels", zeg ik. "Of K3", antwoordt een van de vrouwen. We lachen, maar niet zo uitbundig. We voelen allemaal de spanning van deze tocht, die een steeds groter Indiana-Jones-gehalte krijgt. Een geheime expeditie, een dolle rit door Egytische achterafbuurten, een auto die aan oude films doet denken, een verboden gebied waar de farao's uit de allereerste dynastieën begraven liggen, schorpioenen en oude mummies... En om het plaatje compleet te maken: ik heb een Egyptische djellaba aan, die ik in Luxor heb laten maken en een sjaal om mijn hoofd. De cast is compleet.

Na drie kwartier rijden komen we aan de rand van de Nijlvallei. Voor ons ligt een bergwand en verder woestijn en zand. Als ze ons hier willen kidnappen om losgeld te vragen is hun plan goed gelukt. De chauffeur kijkt wat zenuwachtig

om zich heen, vraagt ons uit te stappen en vertelt dat we nog drie kwartier moeten lopen. Het pad loopt buiten het zicht van de dorpen achter heuvels langs, voordat we bij The Gap zijn, een uitsnede in de bergwand. Als ik op mijn slippers door het zand loop, met mijn Egyptische gewaad aan, kom ik buiten tijd en ruimte terecht. Ik denk aan Mozes die de berg op gaat, of Jezus die veertig dagen in de woestijn doorbrengt. Een enorme stilte overvalt me, en alles wat me herinnert aan mijn eigen leven lijkt ver weg. Ik wandel alleen door de woestijn... Alleen? Nee, opeens word ik gewaar van twee mensen die aan mijn zij lopen, en die in de afgelopen jaren zo vertrouwd zijn geworden als mijn gidsen. Naast me voel ik Jezus en Maria Magdalena lopen. Hun aanwezigheid is zo vertrouwd, zo bemoedigend, zo intiem... We praten over de dingen die er gebeuren in mijn leven, wat ik te doen heb, de rol die ik moet nemen, en ze spreken over het boek 'heilige relaties, heilige sexualiteit'. *'Het is zo belangrijk dat er weer koppels komen die die heilige intimiteit delen met elkaar, zodat de wereld kan genezen. Door de kracht van de verbinding tussen man en vrouw wordt een scheppingskracht wakker die het proces van evolutie en regeneratie opnieuw doet starten.'*
In hun aanwezigheid is er geen gevaar en heb ik het volste vertrouwen in de weg die ik bewandel, hoe vreemd en ongewoon die soms ook is. Ik voel me gesteund en gesterkt, ook op de meest eenzame momenten. Ik weet dat er een groter plan is, waaraan ik mee mag werken, dat door mij heen werkt, en dat zo krachtig is. En dat vraagt totale toewijding en overgave, omdat alle persoonlijke issues ondergeschikt zijn aan het grotere geheel, aan de liefde. Ondanks het onpersoonlijke karakter van deze christusenergie, die zowel in mannen als in vrouwen werkzaam is, vraagt het dat ik volledig transparant ben, en mezelf en alles wat ik meemaak inzet tot bewustwording.

Als we bij de ingang van The Gap komen, toont de chauffeur

waar Om Seti begraven ligt, de vrouw die haar leven gewijd heeft aan het onderzoek naar de tempel van Osiris. Er is niet veel te zien, behalve zand. De energie in deze omsloten bergkom is echter zo zuiver en helder dat we besluiten te mediteren: de drie vrouwen bij het graf van Om Seti, en ik verderop tegen de bergwand. 'Ik en de Moeder zijn één... ' is het zinnetje dat door me heen gaat. Na duizenden jaren patriarchaat en overheersing van het mannelijke element is de tijd van de Grote Moeder weer aan gebroken. De Godin ontwaakt.

Maar wat betekent dat voor mannen? Kunnen we onze eigen kracht en mannelijkheid herstellen en dienstbaar maken aan de liefde, zonder gewillige slaven te worden of ondergeschikt aan de vrouw? Hoe komen we tot gelijkwaardigheid? Terwijl ik mediteer zie ik het beeld van een naakte vrouw verschijnen. Ze wenkt me naderbij te komen. Ik sta op en loop naar voren en de vrouw treedt in mijn lichaam. *'Man en vrouw ben je, het heilige huwelijk voltrekt zich in je eigen hart, de tempel van de ziel.'*

Na een half uur, hoewel tijd een vreemd begrip lijkt in deze kosmische baarmoeder, wandel ik naar de vrouwen, die me uitnodigen om in hun cirkel te komen zitten. Ik voel energetisch de verbinding ontstaan met de vrouw tegenover me, en ze geeft zich helemaal aan me over. Haar ogen draaien weg, ze stamelt een onbegrijpelijke taal, en haar lichaam klapt voorover in mijn schoot. Een lemniscaat van energie ontstaat tussen onze lichamen, die helend en bekrachtigend is. Ik voel hoe deze drie vrouwen door hun werk mij een groot cadeau geven.

De zon is achter de bergen en het wordt weldra donker. We wandelen terug naar de bewoonde wereld, dit keer niet meer achter de heuvels langs, maar over de oude graven van de farao's uit de eerste dynastieën die hier hun graftombes hadden. Duizenden potscherven herinneren aan een ver en mysterieus verleden, waarin hogepriesters en -priesteressen

de geheime rituelen van dood en wedergeboorte, van sterven en van onsterfelijkheid, in praktijk brachten.
Als het donker is, komen we terug in het hotel, waar de rest van groep vol verwachting op ons wacht. Ze hebben op ons afgestemd en hun eigen werk gedaan. Een van de vrouwen zag me in een visioen samen met Jezus en Maria Magdalena lopen, zo vertelt ze. Hoe vaak ik ook getwijfeld heb aan de beelden die ik zag, of de ervaringen die ik kreeg, dit keer kan ik niets anders dan rustig beamen dat het is zoals het is. Ik voel me bevoorrecht en een diepe rust daalt over me neer. Ik geef hier hun woorden door...

BOODSCHAP VAN JEZUS EN MARIA MAGDALENA

'Het heilige huwelijk is een totale verbinding met mij, een innige samensmelting met je geliefde. Dat betekent niet dat je celibatair door het leven hoeft te gaan en je volledig moet beperken tot de band met mij. Nee, integendeel. Ik vraag juist van je om je te verbinden, ten diepste met anderen, maar vanuit de zielsverbinding die je met mij hebt, of met Maria Magdalena, mijn gade. Wij werken als tweelingzielen vanuit de hogere sfeer om jullie te begeleiden, zodat jullie als 'ons' worden, versmolten met het Goddelijke mannelijke en Goddelijke vrouwelijke in jezelf. Wij zijn daarvoor de poort, jullie gids of goeroe, hoe je het ook wilt zien en door je met ons te verbinden ga je dezelfde vreugde en Goddelijke liefde ervaren die wij ook ervaren.

Zie ons als het voorbeeld waar je naartoe groeit, als mentoren die jullie aan de hand meenemen, soms streng, dan weer lieflijk en zacht, want de weg is niet altijd gemakkelijk. Maar als je er klaar voor bent om je volledig aan onze leiding over te geven, dan ben je klaar voor het heilige huwelijk, de innige verbinding met je zielenpartner die wij vertegenwoordigen. Als je dat

tezamen met je partner in dit leven kunt doen, ben je een gezegend mens, omdat we niets liever hebben dan dat zielsverwanten zich volledig wijden aan de manifestatie van God/Godin op aarde. Het is door deze liefdesverbindingen dat God zich gekend en gezien voelt, tot in het meest intieme sexuele niveau toe.
Het is in het ultieme genot en in de sexuele extase, dat nieuw leven ontstaat, niet alleen fysiek, maar ook energetisch. Dit is het geheim van de levensboom die in het midden van het paradijs staat: dat jullie de mogelijkheid hebben de wereld te scheppen naar jullie evenbeeld, naar het evenbeeld van jullie Schepper, en dat is Liefde. Zolang jullie de wereld in overeenstemming scheppen met de wensen en verlangens van jullie ego zal de wereld er naakt en kaal uitzien en zul je steeds meer lijden en afscheiding ervaren, omdat het ego uiteindelijk een pad kiest dat hem niet naar liefde brengt, maar naar hebzucht, egoïsme, ijdelheid, macht en trots. Het is pas in de overgave aan de Goddelijke geliefde dat de wereld verandert in een waar paradijs. Als jullie deze overgave kunnen beoefenen dan keer je werkelijk terug naar huis en worden al je zonden en falen teniet gedaan.

Vergeef jezelf dat je het zolang in je eentje hebt getracht te doen en geef je over aan de intens grote en machtige kracht van de Goddelijke liefde, zoals Maria Magdalena en ik dat hebben gedaan in ons leven en dat nu voor jou wensen. Roep onze naam aan, zo vaak je kunt en wees met ons. Wees ons, verbind je ziel met onze ziel en wij nemen je mee op een zielenreis die je stoutste dromen en diepste wensen te boven gaat.

SCHEPPERS VAN DE NIEUWE MENSHEID

Het goddelijke doel van relaties bestaat eruit om de ziel dieper met het lichaam te verbinden en om de hemel op aarde te bengen. Als twee mensen een container vormen van intimiteit en liefde openen ze een poort waardoor de ziel nog verder in het lichaam kan incarneren. Als individu kan je dat tot op een zeker niveau bewerkstelligen, maar je hebt een vrouwelijk of mannelijk equivalent nodig om het proces tot vervolmaking te brengen, waardoor er een heilige eenheid van lichaam en ziel ontstaat. Dit is de magie en het mysterie van mannen en vrouwen op aarde. Door dit wonder kan er nieuw leven worden gecreëerd op aarde: nieuwe vormen van samenleving, van natuur, van alle elementen die voortgebracht worden door deze eenheidservaring. Jullie zijn gelijk de Goden, en zullen je stap voor stap de ongelooflijke kracht van de liefde herinneren.

Alles wat niet liefde is komt hierdoor echter naar de oppervlakte, waardoor het gezien, gevoeld en gehoord kan worden, zodat het kan worden geofferd op het altaar van de liefde. Als je je dus in een relatie bevindt die uitdagend is, weet dan dat het slechts bedoeld is om je te zuiveren: om de restanten van oude pijn, de schaduwen uit het verleden, op te lossen en in overeenstemming te brengen met de hogere opdracht van je ziel. Er is dus niets mis met wat er gebeurt. Alles is deel van het proces van incarnatie en verlichting: om volledig mens te worden, mannelijk en vrouwelijk.

In deze co-creatie of heilige eenheid ben je in staat om voorbij je eigen grenzen te voelen, voorbij je eigen identiteit, omdat je Eén bent, een ziel gemanifesteerd in twee tegendelen. Dit is de manifestatie van God in de mannelijke en vrouwelijke polariteit. Zonder polariteit kan er geen creatie zijn.

Geniet dus van het pad. Geniet van de weg die je samen met je partner bewandelt, ook al is het soms moeilijk of pijnlijk bij tijd en wijlen. Concentreer je echter op het vertrouwen en het uiteindelijke doel van jullie samenkomst, die bedoeld is om de wereld en de planeet te voorzien van nieuwe frequenties van licht, compassie en wijsheid. Deze krachten zijn verborgen in je genen, omdat alles wat je nodig hebt zich in je lichaam bevindt. Je lichaam is de heilige graal die het levenswater bevat dat via jou de wereld instroomt.

Er zullen allerlei obstakels op je pad komen van oude rollen en oude patronen waar je tegenaan botst, omdat de mensheid lijdt aan de wonden die haar zijn toegebracht sinds de val van Adam en Eva. Zij verloren deze oorspronkelijke eenheid, waarin ze vrij waren om zichzelf zonder belemmeringen uit te drukken, terwijl ze tegelijkertijd geborgen waren in de eenheid van hun Goddelijkheid.

Nu is het aan jullie: om dit nieuwe verbond van liefde te creëren, om deze eenheid van intimiteit te ervaren, en om dieper en dieper in jezelf af te dalen. Laat tegelijkertijd de Geliefde niet los, want hij/zij is je grootste meester, je grootste uitdaging maar ook je grootste heler. Dit resulteert uiteindelijk in een nieuwe familie van mensen, die voorbij gaat aan ras, religie of cultuur. In je menselijkheid, je mannelijkheid of vrouwelijkheid ben je compleet naakt en kwetsbaar. Dat is precies zoals het bedoeld is. In je naaktheid ten opzichte van elkaar wordt een nieuw universum geboren.

BALANS TUSSEN HET MANNELIJKE EN VROUWELIJKE

Behandel de ander zoals ik jou zou behandelen. Zie de ander zoals ik jou zou zien. Heb de ander lief zoals ik jou zou liefhebben. Zie elkaar als Goden, niet als kinderen of als ouders. Jullie zijn uniek en aan elkaar gelijk, jullie zijn beiden kinderen van God en in dit bewustzijn word je één met God. Als er bij een van beiden verdriet of onzekerheid bestaat, bid tot de God vanbinnen om deze duisternis in jullie beiden op te lossen. De een weerspiegelt slechts een deel van de ander. Er is geen verschil, dus geef toe aan het verdriet dat je elkaar zeker van tijd tot tijd zult aandoen en weet dat deze problemen deel uitmaken van het thuiskomen. Als je ze kunt zien voor wat ze werkelijk zijn, zul je begrijpen dat ze voortkomen uit de illusie van de geest en dat zij losgelaten kunnen worden in de grotere bron van liefde. Heb eerbied voor elkaar zoals je eerbied hebt voor mij, omdat je hierdoor het aangezicht van de Geliefde zult zien en Mij zult kennen zoals je jezelf kent. Maak het tot een feest en geniet van elkaar. Vier het verleden omdat dat je heeft gebracht waar je nu bent. Vier de toekomst want die wacht op jou om geschapen te worden. De toekomst is in jouw handen en het is aan jou om te beslissen hoe die eruit zal zien. Jullie zijn de scheppers van de nieuwe mensheid, dus wees trots op wie je bent. Verhef je in de volle kracht van je kennis en wijsheid van de liefde. Dans. Dans de dans van liefde en de hof zal jou opnieuw toebehoren, zoals dat altijd het geval is geweest.

In deze tijd van transformatie zal er een verbinding plaats vinden tussen het mannelijke en vrouwelijke, tussen hemel en aarde, tussen het materiële en het spirituele. Ooit is het mannelijke afgescheiden van het vrouwelijke en zijn beiden een eigen weg gegaan, los van elkaar. Daardoor is de dualiteit geschapen. Alles is daarmee in tegenstrijd gekomen. Het gaat erom dat je het mannelijke en het vrouwelijke weer in balans brengt.

Er zal een nieuwe eenheid komen uit die verbinding tussen mannelijk en vrouwelijk. Het is een van de grootste momenten in de geschiedenis omdat dit al heel lang niet is geschied. Het is als het ware een groot huwelijksfeest waarbij de Christus-energie en de energie van Maria Magdalena zich weer gaan verbinden. Het is een kruislingse verbinding. Mannelijk en vrouwelijk, hemel en aarde, komen in het midden samen en zorgen ervoor dat het nieuwe leven geboren wordt. Vanuit het centrum in het kruis ontstaat een nieuw wezen, een nieuw kind. Om je daarop voor te bereiden kun je het mannelijke en vrouwelijke een plek geven in je eigen leven. Kijk hoe ze zich met elkaar verhouden en stel je voor dat beide kanten zich verenigen. Stel je een nieuwe innerlijke man voor en een nieuwe innerlijke vrouw als deel van jou. Laat die twee vervolgens samenkomen in je fantasie. Kijk wat ze met elkaar willen doen. Het oude beeld van mannelijkheid en Vrouwe-lijkheid is zijn huid aan het afleggen. Net als een soort slang die zijn nieuwe huid krijgt. Ook de man en de vrouw in je werpen op dit moment hun oude huid af.

In een relatie tussen een man en een vrouw richt de liefde zich vaak op de ander. Van de man op de vrouw, of van de vrouw op de man. Maar op het moment dat je een verlichte relatie hebt, richt de liefde zich op de Liefde zelf. Het Goddelijke aspect doet als derde aspect zijn intrede in de relatie; je bent beiden dienstbaar aan de Goddelijke liefde. Je wordt letterlijk partners: zielenpartners die het hogere dienen. Het gaat voorbij de dualiteit, voorbij mannelijk en vrouwelijk, omdat beiden uiteindelijk samenvallen en zich richten op een hogere bestemming. Je overstijgt de twee polen van mannelijk en vrouwelijk, waardoor een synthese ontstaat. Je wilt je alleen nog richten op de energie van liefde. Liefde voor jezelf, liefde voor de ander, liefde voor datgene dat gebeuren moet.

OVERGAVE

De liefde vraagt je je over te geven teneinde te leven. Dat is wat ik aan het kruis en tijdens mijn hele leven in praktijk heb gebracht. Mij werd gevraagd me over te geven aan de dood opdat ik zou leven. Het is deze uiteindelijke overgave van je eigen wil die je tot een meester van een hogere orde maakt. Niet mijn wil maar Uw wil geschiede, is de les in overgave. Je zult er niets bij verliezen en alles bij winnen als je je durft over te geven. Je moet gewoon vertrouwen hebben. Laat jezelf geleid worden, zoals ik geleid ben en zoals ik jou nu zal leiden. Ik laat je niet verdwalen. Ik zal je nooit alleen laten. Ik laat je niet vallen. Omdat ik ben wie jij bent. Ik ben diep binnenin je en wacht tot je tot me komt om aan mij gelijk te worden. Om een rivier des levens te worden en niet maar een paar druppels. Samen zullen we naar de oceaan zwemmen, die eeuwigheid aan liefde die overal om je heen is als je bereid bent het te zien. Open je ogen, open je oren, open je hart en open je geest om te zien wat ik zie, om te weten wat ik weet, te zijn wat ik ben. Dit is de ware aard van wie je bent. Word zoals ik. Dit is wie je bent.

Mannen en vrouwen werden als gelijken geschapen. Zij werden aan elkaar gelijk geschapen omdat zij een deel van mij zijn. Zij zijn deel van het Goddelijke, het Goddelijk vrouwelijke en het Goddelijk mannelijke. Het is een universeel spel van mannelijke en vrouwelijke energieën, een orgasme van de ziel. Stel niet de een tot betere of hogergeplaatste dan de ander. Maak niet de een minder of lager dan de ander. Beiden zijn, hoewel verschillend, waardevol. Ontken het verschil tussen de twee tegengestelden niet, omdat juist door hun verschil iets geschapen kan worden. Het is de levenskracht die voort-gebracht wordt door de vereniging van de tegengestelde krachten van het mannelijke en het vrouwelijke. Alles wat gedaan is om deze universele levenskracht van het scheppen te ontkennen, gebeurde om de waarheid te verdoezelen, namelijk dat liefde, seksualiteit en intimiteit tussen mannen en vrouwen een geheiligde acte is uit een Goddelijke komedie. Door de vervormingen van de geest is de ziel losgescheurd van de fysieke ontmoeting tussen lichamen. Het wordt tijd om het liefdesspel van de ziel te herenigen met de fysieke vreugde van het bedrijven van de liefde. In deze hereniging van lichaam en ziel ligt een hogere vorm van liefhebben besloten. Het zijn het

Goddelijk vrouwelijke en het Goddelijk mannelijke die elkaar in jezelf ontmoeten. Het is het heilige huwelijk van de ziel die zichzelf ontmoet in de ander. In dit versmelten voel je geen verschil meer tussen jou en de ander. Hij of zij is de geliefde naar wie je op zoek was. En wanneer je de geliefde in de ander ontmoet, zul je gelijktijdig de geliefde als je eigen ziel vinden. Het is dit thuiskomen van jezelf dat de hoogste intimiteit en extase schenkt. Het zal je raken tot in iedere cel van je lichaam.

DE PARADIJSMATRIX

De toegang tot het paradijs is een codering die op verschillende plaatsen op de aarde verankerd is. Hij bevindt zich tevens in je lichaam onder aan de wervelkolom bij het heiligbeen. Deze levensboom geeft je de scheppingskracht en de mogelijkheid jouw eigen wereld te scheppen in overeenstemming met je verlangens. Deze scheppingsmogelijkheid wordt nu vaak alleen op sexueel niveau geuit, waardoor je in staat bent – bewust of onbewust – een kind te scheppen. Maar je scheppingsvermogen gaat veel verder. Je bent tot oneindige grootsheid van creatie in staat. Daarvoor is het belangrijk dat je inzicht krijgt over je sexuele verlangens, want deze hebben grote invloed op de schepping die je nu creëert. Je sexuele verlangens zijn een sluier voor je diepere verlangens, net zoals je behoefte om klaar te komen vaak een diepere behoefte aan intimiteit en werkelijke eenwording met je partner inhoudt. Je ervaart de sexuele eenwording dan ook altijd als enigszins onbevredigend, omdat ze kortstondig is. Je wezenlijke eenwording, die vanuit liefde geleid wordt, is een eeuwige verbinding. Dat betekent niet dat het sexuele aspect geen belangrijke rol heeft; het is slechts een deelgebied van het grotere verlangen tot eenheid. Pas door het besef van die grotere eenheid en het diepe verlangen ernaar ga je de kracht van je creatievermogen begrijpen, omdat datgene wat je creëert uiteindelijk niet buiten jezelf is. Jij bent wat je creëert, en daarmee word je God gelijk. God is in jou, zoals jij in God bent. Kun je nu enigszins begrijpen dat de schepping zich niet buiten je, maar in je afspeelt? Als je dat besef van eenheid met het grotere geheel steeds meer toelaat, ben je in staat steeds beter te scheppen en je verlangen naar die eenheid steeds beter vorm te geven.

Deze driedimensionale wereld is gecreëerd als een paradijselijke tuin waarin je in verschillende incarnaties kunt ontdekken en spelen en de gevolgen kunt zien van je dromen, wensen en ideeën. Dit alles is bedoeld om een hoger niveau van bewustzijn te bereiken. God wil zichzelf leren kennen. Dat betekent dat de Goddelijke ziel zich heeft opgesplitst in vele verschillende entiteiten om een besef te krijgen van individualiteit en gescheidenheid en om van daaruit de weg weer terug naar huis te vinden: naar liefde, naar God.

Roep zo vaak als je kunt mijn naam. Jezus. Ik ben er altijd om je te begeleiden, ook al kun je mij soms niet horen omdat je gedachten of emoties ertussen zitten. Ik ben in het diepst van je hart innig met je verbonden, en weet altijd wat er met je gaande is. Vertrouw mij. Laat je door mij leiden en ik zal je naar plaatsen brengen die je hart nog niet eens kan vermoeden.
Soms betekent dat dat je ervaringen zult hebben die je schuren en slijpen als een steen die bewerkt wordt, soms leid ik je om anderen te helpen en hun last een tijdje over te nemen, andere keren leid ik je om te genieten en ten volle te rusten in mijn aanwezigheid. Nooit laat ik je alleen, maar het is aan jou om dat te beseffen en iedere keer opnieuw gewaar te worden.

THUISKOMEN

Als we eenmaal ons eigen erotische potentieel ervaren, en het besef krijgen dat ons eigen lichaam de tempel van genot, schoonheid en extase is die we al die tijd zochten, dan worden we minder afhankelijk van de ander. We zijn niet meer hongerig naar een paradijs dat ergens ver weg is, dat onbereikbaar is en dat we alleen via een omweg kunnen bereiken. We kunnen eindelijk thuiskomen bij onszelf. Lang geleden hebben we de schoonheid van ons lichaam vergeten en zijn we buiten onszelf gaan zoeken naar erotiek en vervulling. De ander, in welke vorm ook, of dat nu via porno, fantasie of geliefden is, werd een noodzakelijk hulpmiddel om ons te herinneren aan onszelf. De toegang tot de tuin der liefde werd bewaakt door de engel van schaamte, schuld of pijn over wie we in wezen zijn. We konden onszelf niet meer zien en daardoor waren we afgesneden van de oneindige erotische en sensuele bron die in ons ligt en die ons dichter bij het Goddelijke in onszelf brengt. Het kan een tijd duren voordat we de tuin weer vinden, maar hij is daar, diep verscholen in je eigen lichaam en ziel.

Ik nodig je uit om op pad te gaan, je niet te laten weerhouden en alle dingen te doen die nodig zijn om de toegang tot het paradijs weer te vinden. Wees moedig, doe domme dingen, maak fouten en leer... Leer wat voor jou werkt en wat niet werkt, en beschouw je eigen leerproces met mildheid en compassie. Er is continu begeleiding voor je aanwezig vanuit de hogere sferen, omdat ze daar niets liever hebben dan je te zien stralen en genieten.

Het idee dat de wereld een plaats is waar je moet zwoegen en afzien is een menselijke constructie van de geest. Dat je soms lijdt terwijl je leert is onvermijdelijk, maar het is niet het doel van je bestaan hier. Het is een consequentie van het leerproces en het feit dat je bent afgedwaald van de tuin. Die oorspronkelijke afgescheidenheid van de bron die in je ligt, is de oorzaak van alle pijn en lijden. Zodra je weer op zoek gaat en het besef terugkrijgt dat je altijd al verbonden was met de God en Godin, wordt je lijden een stuk minder.

Uiteindelijk zul je ervaren dat de aarde niets anders is dan een paradijs, een grote tuin van liefde waar iedere ziel zijn eigen weg mag afleggen om zich te herinneren dat-ie niets anders is dan liefde zelf. We hebben godsdiensten en religies, inwijdingswegen en gebeden, spirituele cursussen en andere hulpmiddelen bedacht om ons te herinneren aan iets dat zo voor de hand ligt: dat we kinderen van God zijn en dat we altijd al in de tuin van het paradijs woonden, maar het gewoon nog niet zagen. Zodra je je dat herinnert, verandert je kijk op de wereld, en weet je dat er eigenlijk niets verkeerd of onaf is. De wereld is een plek van oneindige mogelijkheden en kansen die ons helpen om weer thuis te komen, om ons te herinneren, en ons te verbinden met het Goddelijke in onszelf.

Het heilige huwelijk is een energie die zich manifesteert in je hart. Zodra je in de stilte terechtkomt waarin geen gedachten meer zijn, waarin je emoties tot rust komen, dan kan zich iets openen dat achter het gewone hart ligt. Je kunt dat het mystieke hart noemen, of het verborgen hart, waar we allemaal mee verbonden zijn.
In dat mystieke hart, in het verborgene in onszelf, wordt de roep van de ziel hoorbaar en voelbaar. Die wijst ons als het ware de weg, door de ruis van alledag heen. Er zijn zoveel dingen die ons afleiden in ons leven waardoor we de roep van de ziel niet meer horen. Toch zijn er steeds meer mensen, pioniers, mannen en vrouwen, die in deze tijd luisteren naar de roep van de ziel.
Die ruis klinkt niet alleen in ons hoofd maar in onze hele samenleving. In die zin zijn we collectief de weg kwijtgeraakt, verzeild geraakt in de 'matrix', een systeem dat we zelf gecreëerd hebben waardoor het hart niet meer voelbaar of hoorbaar is. In het hart ligt de sleutel. De sleutel ligt niet in onze gedachten, maar in onvoorwaardelijke liefde voor datgene wat is, zowel in onszelf als in de wereld.
Voorbij de dualiteit van het denken ligt de stilte van het hart. Zodra je daar bent vallen grenzen weg, vallen oordelen weg,

vallen obstakels weg. Sterker nog: er hoeft zelfs niets meer geheeld of genezen te worden, omdat je gewoon bent in die ruimte waarin alles kloppend is. Het hart klopt. En je hoeft er niets voor te doen. Het gaat vanzelf. Zo wil ik je uitnodigen om in de stilte van je eigen hart te blijven. Te voelen wat voor jou van belang is.

ZIELSBESTEMMING

Dit is niet meer de tijd van de leraren of de leiders, maar van ieders eigen leiderschap. Iedereen wordt uitgedaagd om zijn eigen hart te volgen. Dat is waarom er zoveel chaos is in de wereld: om ons te helpen helemaal terug te gaan naar onszelf. Op het moment dat de persoonlijkheid – het ego – samenvalt met de ziel en daar geen verschil meer tussen is, we ons laten leiden door de ziel en toch handelen in deze wereld, dan kun je zeggen dat het heilige huwelijk is gesmeed, waardoor we EEN worden: waardoor onze handelingen overeenkomen met het hogere. Dat uit zich in alles: in ons werk, in onze relatie, in de band met je kinderen. Het gaat letterlijk om bestemming of afstemming: je eigen stem vinden. Klinken volgens je eigen zielsbestemming.

Heel veel mensen vragen zich in deze tijd af: zit ik op de goede weg? Maak ik de juiste keuzes? De antwoorden liggen niet in de wereld om ons heen. De antwoorden liggen in onszelf; in de stilte. Gebruik dit moment om naar je hart te luisteren en te kijken wat van belang is.

Een van de collectieve thema's is de wedergeboorte van de Godin. Het vrouwelijke dat zo lang verborgen is geweest, veracht is geweest, genegeerd is geweest; waarin veel gedacht is geweest maar weinig gevoeld; daar wordt het tijd dat het vrouwelijke opnieuw terugkeert. We hebben tweeduizend jaar geleefd met God de Vader in de hemel, en het wordt tijd dat we weer op aarde komen en de Grote Moeder, moeder Aarde, gaan waarderen, eren, zodat we uiteindelijk kunnen thuiskomen.

Wees welkom, je wordt verwacht aan het avondmaal.
Het heilige huwelijk is het trouwfeest van je ziel en jij bent de bruid of bruidegom. De poort staat open om de tuin te betreden en ik verwacht je daar, geliefde...

NAWOORD

In de middeleeuwen deed een wonderlijk verhaal de ronde over koning Arthur die een oerlelijke vrouw ontmoet die met hem wilde trouwen. Het verhaal gaat als volgt:
Als koning Arthur op jacht is en een groot hert doodschiet, komt er een woedende man naar hem toe. De wilde man vertelt hem dat het hert van hem was en dat hij als straf nu hem zal doden. Hij zal het doodsvonnis over een jaar voltrekken, tenzij hij voor die tijd een antwoord weet op de vraag: 'Wat willen vrouwen het liefst?'
Arthur is ten einde raad en doolt door het bos, als hij plotseling voor een oerlelijke vrouw staat. Ze stinkt, mist een tand en kijkt hem met een scheel oog aan. 'Ik weet het antwoord,' krijst de heks, 'maar ik geef het je alleen als je met me trouwt.'
Arthur rent weg bij het zien van de afzichtelijke heks en komt ridder Gawain tegen, die één van zijn beste en trouwste vrienden is. Hij vertelt hem wat hem is overkomen. Gawain heeft medelijden met Arthur en belooft hem om in zijn plaats te zullen trouwen. Ze gaan terug naar de heks en de vrouw accepteert het aanbod van de knappe Gawain. Als de trouwdag plaatsvindt, is het hele hof geschokt door de lelijkheid van de vrouw met wie ridder Gawain trouwt. Ze vreet als een varken tijdens het huwelijksdiner en is grof en bruut tegen iedereen die haar aanspreekt. Aan het einde van de avond trekken Gawain en de heks zich terug voor de huwelijksnacht. Alle gasten hebben diep medelijden met de dappere jonge ridder. Als Gawain de deur van het slaapvertrek achter zich dicht trekt, vraagt de heks hem te kussen, maar als hij zich naar haar toe draait, ziet hij een wondermooie vrouw staan. De vrouw vertelt hem dat ze vervloekt is: ze is 's nachts mooi, en overdag lelijk of omgekeerd: overdag een beauty en ‘s nachts oerlelijk. Omdat Gawain zo moedig is geweest om met haar te trouwen, geeft

ze hem de keus. Wil hij overdag samenzijn met een wondermooie vrouw, en 's nachts met een beest, of andersom: een beauty in bed en overdag, voor het aanzien van iedereen, met een oerlelijke heks?
Gawain denkt de hele nacht na. Wat wil hij als man het liefst? Wil hij 's nachts een mooie vrouw of juist overdag? Voor beide kanten is veel te zeggen. Hij wikt en weegt maar kan geen beslissing nemen. De vrouw geeft hem alle tijd en uiteindelijk, als de ochtend is gekomen en ze de huwelijksnacht gesmaakt hebben, keert Gawain zich vol liefde naar de vrouw toe. 'Ik kan niet voor jou kiezen,' zegt hij. 'Ik kies wat jij het liefste zelf wilt.' Op dat moment schijnen de eerste zonnestralen door het raam naar binnen en de vrouw blijft even mooi als in de nacht. 'Door jouw keus is de hele betovering verbroken en heb je het antwoord gegeven op de vraag wat vrouwen het liefst willen: de vrijheid om zelf te kunnen kiezen.'

Voor de meesten van ons is dit een van de moeilijkste opgaven in een relatie: we houden van het mooie aspect van onze partner maar verafschuwen zijn of haar lelijke kant. En ieder mens heeft beide kanten, dus in iedere relatie worden we vroeg of laat geconfronteerd met de schaduwkant van onze partner. De vraag is: accepteren we die schaduw, of wijzen we haar af? Omhelzen we onze partner volledig, of maar ten dele? Hoe kunnen we onszelf en onze partner bevrijden van de vloek die ieder met ons meedraagt?

Vera Helleman, een soort Nederlandse Eckart Tolle, schrijft hierover: *'Wanneer jullie elkaar hebben aangetrokken om vrij te worden in jeZelf dan is er een liefdevolle verbinding. Het is een hartsgeschenk als je met elkaar afsprak dit te zijn voor elkaar. Partners die bij elkaar komen voor dit doel hebben een afspraak in Liefde gesloten. 'Ik ga jouw pijn aanraken, zodat je kunt opstaan als jeZelf. Ik ga je diepste verlangens onbeant-*

woord laten, zodat je deze kunt overstijgen. Ik ga je grootste angsten spiegelen, zodat je de weg naar het hart kan vinden. Want enkel door alles aan het licht te brengen wat je gevangen houdt in dualiteit, zal duisternis transformeren. Wees dus dankbaar naar deze persoon en realiseer je de daad van liefde. Dat maakt het makkelijker om oordeelloos en liefdevol aanwezig te zijn als de ander zijn of haar pijn op jou project-teert.'

De hele oefening van relaties en sexualititeit is bedoeld om af te dalen in onszelf en deze goddelijke liefde weer te ervaren en toe te laten, te weten dat ze er altijd al was en nooit weg is geweest. Dat onze ouders altijd van ons gehouden hebben, ook al hebben we honderd keer gedacht dat dat niet het geval was, dat we ongewenst waren, ontkend, verlaten, vernederd en vervloekt: achter de misvorming van de pijn gaat een diepe oerliefde schuil. Het is de liefde van God voor zijn kinderen. Het is de uiteindelijk waarheid, waar we allemaal vroeg of laat naar terug zullen keren, wetende dat de pijn slechts een droom was waarin we ten stelligste geloofden.

Mijn gidsen vertellen: *'Aan het begin van dit Waterman Tijdperk wordt de deur naar universele liefde weer opengezet. Dat betekent dat er een grote bevrijding en verlossing kan plaatsvinden. Veel geliefden zijn daarvoor als het ware pioniers; uitverkorenen om samen een heilige relatie vorm te geven en de poort te openen van het heilige hart. Achter het gewone hart ligt het mystieke hart. Zodra je je eigen emoties – je boosheid en verdriet, je onvermogen en hulpeloosheid – onder ogen durft te zien, kom je uit bij een mystieke liefde. Als die liefde de wereld in kan stromen, beïnvloedt dat de geschiedenis van de mensheid. Zo draag je bij aan een veld van transformatie van donker naar licht en belichamen jullie de energieën van Jezus en Maria Magdalena, die samen het voorbeeld van een heilige relatie vormden. Doordat beiden hun eigen kracht en hun eigen pijn droegen, openden ze een poort naar een enorm grote liefde. In feite worden deze energieën van universele mannelijkheid en vrouwelijkheid weer terug op aarde gebracht door vele liefdesstellen. Dat betekent dat de Christuskracht zich opnieuw aan het manifesteren is, zowel in mannen als in vrouwen. Ben je bereid om je met elkaar te verbinden in deze heilige relatie, elkaar te eren en onvoorwaardelijke liefde te geven? Wat is daarop jullie antwoord?'*

Laat je leiden, weet dat de liefde het beste met je voorheeft, ook al snap je het niet altijd. Geef je over aan haar. Accepteer haar lelijke gezicht, net zoals we de wijsheid en schoonheid van de heks in vele verhalen zijn gaan accepteren en waarderen, omdat ze ons naar de waarheid leidt. Dan zal je geliefde haar ware schoonheid kunnen onthullen en bevrijd worden van de vloek en de gevangenis waar we haar zelf in gestopt hebben. Ze zal je omhelzen en bedanken dat je haar ten diepste gezien hebt.

You are the Beloved.
You and the Beloved are one.
You live in her and she lives in you.
There is no other truth than this.

OVER DE AUTEUR

Ton van der Kroon reisde de hele wereld over om zich te verdiepen in de oude spirituele, religieuze en sjamanistische tradities. Hij kwam in contact met de Hopi- en Jaqui-Indianen, met de derwishdansers van de Sufi's en met vele traditionele en moderne leraren. Hij bestudeerde de westerse mystiek en mythologie, de geschiedenis van de Katharen en Essenen, de leer van Maria Magdalena en de mythe van de heilige Graal. Hij geeft sinds 1989 mannenworkshops en organiseert sinds 2005 Healing Conferenties in Jericho. Daarnaast gaf hij zeven jaar lang traumahulpverlening in de Gazastrook. Hij woont en werkt in de Jordaan in Amsterdam.

Voor informatie over workshops, reizen of lezingen, kijk op:
WWW.TONVANDERKROON.COM

MOCHT JE TON'S WERK WILLEN ONDERSTEUNEN, MAAK DAN EEN GIFT OVER OVER OP STICHTING TREE OF LIFE:
Rekening Stichting Tree of Life, Nederland
Triodosbank NL67 TRIO 0338 9423 43
BICcode: TRIONL2U

Wil je weten welke projecten er voor de komende tijd op het progamma staan? Kijk dan op de website:

WWW.TREEOFLIFE.SUPPORT

Andere boeken van Ton van der Kroon

DE ZEVENDE POORT
HEEL DE WERELD, DEEL 1

Als de schrijver een oud manuscript in handen krijgt, dat hem vraagt op zoek te gaan naar de zeven poorten van bewustzijn, begint een lange en onvoorstelbare reis, die meer dan dertig jaar in beslag neemt. Een reis langs vele heilige plaatsen op aarde, van Glastonbury tot Jeruzalem en van Siberië tot India. Naast een persoonlijk reisverslag geeft dit opmerkelijke boek een boodschap voor de mensheid in deze tijd.

Heel erg indrukwekkend en prachtig boek. Wat een innerlijke rijkdom! Ik hoop dat er nog veel van dit soort boeken uit zijn pen stromen.

Dit boek heeft me tot in het diepste van mijn hart geraakt! Ik werd meerdere malen tot tranen toe bewogen en las het boek aan één stuk door uit. Het leest heel vlot en is geschreven in een gemakkelijk begrijpbare taal. Hierdoor is het een zeer toegankelijk boek! De energie waarin het boek is geschreven, resoneert zeer sterk met je eigen belevingen. Het is een prachtig boek dat je een hele andere kijk op het leven op aarde meegeeft. Het behoort tot de top van mooiste boeken die ik ooit heb gelezen! Ik raad dit boek aan iedereen aan die zoekt naar meer in het leven.

De zevende poort is een boek dat ik graag cadeau geef. Het is vlot en aantrekkelijk geschreven, het verhaal neemt je mee op reis en heeft een diepere onderlaag. Voor mij is het een inspiratiebron geweest in de dans om op een andere manier mijn schaduwkanten te beleven. Het is 1 van de weinige boeken dat na jaren geleden gelezen te hebben nog steeds inspireert. Ik raad het iedereen aan.

HET LABYRINT VAN DE TIJD

HEL DE WERELD, DEEL 2

Als de auteur een conferentie in Jericho wil organiseren, komt hij in aanraking met de mystieke arabier Ibrahim. Deze ontmoeting leidt tot een zoektocht naar de esoterische kennis door de eeuwen heen. Het brengt de auteur bij de Katharen in de 11e eeuw, bij de Essenen rond het jaar nul, bij de Egyptische farao Echnaton en zijn vrouw Nefertiti in Egypte, en bij Salomo en de koningin van Sheba in Ethiopië. Alle gebeurtenissen in de geschiedenis vormen een verborgen patroon in de tijd. Een onthullend boek, deels reisverhaal, deels historische roman, waarin de auteur ons aan de hand van een aantal levensverhalen de esoterische geschiedenis van de mensheid toont.

De reis door de tijd is met zo'n een gemak en eenvoud geschreven dat het boek je boeit van de eerste tot de laatste letter. De reis vertelt ook onze eigen reis naar ontwikkeling.

Echt een prachtig boek! Heel afwisselend door de verschillende verhaallijnen, daardoor ook zelfs spannend. En het gegeven vond ik zeer boeiend. Ik heb het in één ruk uitgelezen.

Wat kan deze man schrijven, echt waanzinnig! Ik verwachtte een beetje een theoretisch boek, gezien de onderwerpen, maar het is smullen: het hemelse wordt naar het menselijke gehaald, zeer toegankelijk en dichtbij.

Zo pakkend en menselijk geschreven, een verhaal waarin allerlei tijdslijnen door elkaar heen geweven zijn. Ik heb het boek afgesloten met een gevoel van is dit werkelijkheid verpakt in een verhaal of hoe zit dit. Ik heb hem 3x gelezen.Ik kan het aanbevelen aan een ieder die op zoek is naar dat wat het meest nabij is... je Zelf.

Een waardevol boek voor deze tijd. Een boek vol wijsheid, herkenbaar, grappig bij momenten. Het raakt je ziel aan en geeft je inzicht.

DE MEESTERS VAN SHAMBHALLA
HEEL DE WERELD, DEEL 3

`Ik ben bang voor deze hele reis, fluistert Sandra. `Waar zijn we aan begonnen? Straks kunnen we China niet in. Dan is alle moeite voor niets geweest. We weten niet eens of iemand ons opwacht bij de grens. En onze chauffeur vertrouw ik ook niet. Ze legt haar hoofd gelaten tegen mijn borst. Ik luister naar de windstoten en het gekraak van de tent. Een van de houten spanten van de yurt schiet los. We zitten op een hoogvlakte van bijna 4000 meter hoogte op de grens van Kirgizië en China. Ondanks de storm val ik slaap en krijg een onrustige droom, waarin een kleine maar stevige Chinese man verschijnt, die in een keurig net pak gekleed is: Onberispelijk, westers en met een felgekleurde stropdas. Hij kijkt me doordringend aan. `Ik heb je geroepen, zegt hij. `Wie bent u? vraag ik. `Dat doet er niet toe. Ik heb uw hulp nodig.' `Dan wil ik weten wie u bent. Anders geen hulp, pareer ik. `Ik ben Hu, president van China.'

Het is een prachtig boek!! Sommige passages raken me heel diep, op hele diepe lagen. Bij het lezen van het boek voelde ik me in contact komen met een andere dimensie, het raakt iets aan van wat we in wezen zijn. Heel mooi! Een boek dat ik regelmatig nog eens zal vastnemen om het te herlezen en opnieuw te laten binnenkomen. Dit boek behoort samen met de Zevende poort tot mijn favorieten. Een aanrader voor iedereen die de weg van de ziel bewandelt of wil bewandelen.

Dit boek heb ik in één adem uitgelezen. In de proloog schrijft Ton: "Als je het boek hebt gelezen zal je net als ik gaan begrijpen dat dit ook niet jouw verhaal is, maar een droom van de Meesters, waarin we allemaal figuranten zijn. Een droom met slechts één simpele boodschap: word wakker en herinner je taak. Terwijl ik het boek lees gebeurt er van alles. Geen idee hoe het allemaal in elkaar steekt en wat ik er mee kan, maar interessant is het zeker! Alles lijkt samen te hangen en het gevoel komt op dat ik hier ben om iets groots te gaan doen, maar geen idee wat. Het lijkt grootheidswaanzin, maar toch ook weer niet...Het boek is een absolute aanrader.

HET VIJFDE ELEMENT
HEEL DE WERELD, DEEL 4

De wereld staat op een kruispunt. Bossen staan in brand, ijskappen smelten, mensen gaan de straat op. Wat we al decennia heb-ben zien aankomen wordt werkelijkheid: we bevinden ons in een wereldwijde crisis van ongekende omvang. Technologisch zijn we inmiddels tot alles in staat. Maar biedt ons dat de oplossing? Of is er een andere uitweg?
Ton van der Kroon reisde naar de meest moeilijk bereikbare plaatsen op aarde om een antwoord te vinden: Gaza, Noord Korea, Iran, Egypte, Kashmir en Ladakh. Het resultaat is een onvoorstelbare ontdekkingsreis die hij vastlegde in 'Het Vijfde Element': Een spirituele zoektocht naar de essentie van menszijn.

BOEK DER LIEFDE

Het verborgen evangelie van Maria Magdalena

De spirituele roman Boek der Liefde beschrijft de zoektocht van de elfde-eeuwse monnik Antonius naar het boek dat in de officiële kerkelijke leer ontbrak: het boek van de onvoorwaardelijke liefde tussen mensen. Dit is de weg van Maria Magdalena: het pad dat levensgevaarlijk is, omdat het 'ketters' is en door de kerk verguisd. De gnostische literatuur beschrijft Maria Magdalena als de 'Apostel der Apostelen' en de discipel die Jezus op zijn mond kuste. Zij is niet de bekeerde hoer, die de katholieke kerk telkens als boetvaardig kuis heeft afgebeeld. Het verhaal van Jezus is altijd maar half verteld.

Intrigerend en meeslepend boek. Even doorzetten in het begin, maar dan wordt je helemaal meegevoerd in het verhaal.

DE MYSTIEKE ROOS

Een inwijding in liefde I

In een tijd waarin veel mensen worstelen met relaties, waarin man-vrouwrollen steeds minder helder lijken te zijn, biedt 'De Mystieke Roos' een nieuw perspectief: Een inwijdingsweg waarin liefde, lust en spiritualiteit opnieuw met elkaar verbonden worden. Ton van der Kroon, auteur van 'De Terugkeer van de Koning; het boek voor mannen over liefde, lust en leiderschap' toont ons op een persoonlijke en prettig leesbare manier hoe de gevoelens voor onze geliefde ons in contact kunnen brengen met kosmische liefde, en vice versa: hoe onze liefde voor het goddelijke kan leiden tot meer vreugde en vervulling in onze intieme relaties. De Mystieke Roos laat ons zien dat zowel de pijn als het plezier van relaties ons bij een dieper begrip van onszelf brengen.

'Van der Kroon geeft liefdevol weer, vaak met behulp van de inhoud en uitleg van bekende films de diverse wegen en inwijdingen die een mens gaat als die zich eenmaal op het pad van de liefde zich heeft begeven. Het is een krachtig boek met oefeningen die je makkelijk thuis kan doen. Echt een aanrader voor man en vrouw!'

DE TERUGKEER VAN DE KONING

Het boek voor mannen over liefde, lust en leiderschap

In tijden van chaos en verandering is het niet zozeer de wetenschap of de techniek, noch de politiek of de kerk die ons kan redden, maar veeleer de creatieve kracht van mythen en verhalen. Verhalen die ons vertellen over onze diepste wensen en angsten, en die ons herinneren aan wie we in werkelijkheid zijn. De terugkeer van de koning is gebaseerd op koningsverhalen uit de westerse mythologie en cultuur, die inzicht geven in het roerige proces waar we - individueel en collectief - op dit moment doorheen gaan. Het is een boek geschreven voor mannen, maar evengoed te lezen voor vrouwen die nieuwsgierig zijn naar de ziel van de man.

Ton van der Kroon is er in geslaagd een beeld te schetsen van de man van de toekomst. Een must voor mannen, een verademing voor vrouwen.

Een intrigerend werk van een van de meest ervaren trainers in het mannenwerk.

Een grote vreugde om te lezen.

Ton van der Kroon kwam en overwon met zijn boek de Terugkeer van de Koning.

Een echt cadeauboek voor de man van wie je houdt.

Het boek leest als een spannend reisverslag.

Prachtig en inspirerend boek. Een must voor moderne mannen...en vrouwen! Soms iets te kort door de bocht associërend en hij verliest tegen het einde de focus een beetje. Maar eindelijk een schrijver die spiritualiteit en persoonlijke groei vanuit een Westers perspectief benaderd. Verfrissend new age denken dus. Een aanrader!

LICHTWERKERS GEVRAAGD!
De meesters spreken…

Een boek vol met doorgegeven boodschappen, die de auteur gedurende zijn reizen en workshops ontving. Inspiratie en bezieling op iedere pagina. Sla het boek open en krijg antwoord op je vraag.

De wereld helen begint met jezelf helen. Maar het eindigt daar niet. Als je eigen beker overstroomt, kan het levenswater met velen gedeeld worden, waardoor vele zielen, landen en volken geheeld kunnen worden. Onderschat de kracht van de ziel niet, de kracht van liefde en kracht van healing. Het is de grootste kracht die er is. Door je eigen wil over te geven in de handen van God of het Goddelijke, door dienstbaar te zijn aan het goddelijke plan van liefde, wordt je een baken van hoop, een anker van liefde, een kracht van verandering. Ben je bereid?

Dit boek is geproduceerd in overeenstemming met de EU GPSR-richtlijnen over de veiligheid van producten.

De ‘General Product Safety Regulation’ is het raamwerk van de Europese Unie om ervoor te zorgen dat alle consumentenproducten, inclusief boeken, veilig zijn voor consumenten.

Dit boek is gedrukt door Libri Plureos GmbH. De drukker heeft veiligheidscertificaten afgegeven voor de gebruikte materialen, zoals inkt, papier en lijm.

De product-ID is: 9789402148992

De auteur is verantwoordelijk voor de inhoud van het boek, is uitgever van het boek en draagt daarvoor de volledige verantwoordelijkheid.

Het boek is uitgegeven via Brave New Books. Met Brave New Books kan elke auteur zijn verhalen met de rest van de wereld delen via gedrukte boeken en e-boeken via een breed distributienetwerk.

Brave New Books zal bij vragen over veiligheid bemiddelen en deze richten aan de drukker/auteur. Mocht u vragen hebben over de veiligheid van het product, neem dan contact met ons op.

Brave New Books
Delftsestraat 33
3013AE Rotterdam
Nederland
info@mybestseller.com